JN095946

日本比較政治学会年報第23号

インフォーマルな政治制度とガバナンス

日本比較政治学会 編

ミネルヴァ書房

は じ め に

　政治を動かしているものは何か。ナイーヴな問いかもしれないが，政治という現象を研究する者にとっての根源的な問題であろう。比較政治学者は，さまざまな事象・事物に目を配りながら，特定の現象に対する作用・効果の有無や大小を見極めていく。その際，まずは，法制度として整備された場で展開されるフォーマルな政治に着目することになる。例えば，政治体制と統治機構，市民参加の制度，そして，それらを構成する政治家，政党，官僚，軍といった主体である。だが，その一方で，現実の政治にはインフォーマルな部分が存在することも広く認知されている。法制度として整備された場の外側で展開される政治に加えて，その内側で観察される「一貫性を欠くルールの執行」や「公的なガバナンス制度が関わる予期しない不公正な帰結」からなる「インフォーマルな政治（informal politics）」——あるいは「インフォーマリティ（informality）」——に着目することは，今日の世界の「政治的現実」を捉えるためには不可欠であると指摘される（Radnitz 2011：351-2）。

　こうしたインフォーマルな政治が横行する典型例は，紛争国家のケースであろう。そこでは，フォーマルな主体としての中央政府が機能不全／麻痺に陥る一方で，インフォーマルな主体である反乱軍や武装集団による実効支配地域の確立，さらには，「反乱者によるガバナンス（rebel governance）」や「リベロクラシー（rebelocracy）」と呼ばれるような独自の政治の萌芽が見られることがある。そして，こうしたインフォーマルな政治は，フォーマルな政治の外側でそれに対峙するだけでなく，結果としてその内側に変化を生み出すことも少なくない（足立編著 2018；末近・遠藤編 2020；Arjona, Kasfir and Mampilly 2015；Risse, Börzel, and Draude eds. 2018）。

　しかし，実際には，紛争下でない国家においてもインフォーマルな政治

は展開されている。第一に，紛争国家のケースと同様に，法制度の外側に位置するインフォーマルな主体がフォーマルな政治を動かす場合である。例えば，社会運動や中間団体，マスメディアによる一部の活動が挙げられるが，近年では，国境を越える移民・難民集団や巨大資本の動向が法制度のあり方に対する作用・効果を持つことも指摘されてきた（錦田編 2020）。第二に，これとは反対に，フォーマルな主体がインフォーマルな行為を通した政治を展開する場合である。例えば，政治家・政党による地縁や血縁を利用した大衆動員が挙げられるが，近年では，大統領や首相が自身のSNSのアカウントを用いて方針や政策を発表したり，実質的な選挙動員を試みることなどが見られるようになっている（ウォール＝ヨルゲンセン 2020）。

　つまり，インフォーマルな主体の台頭だけでなく，フォーマルな主体によるインフォーマルな行為よって生起する「政治的現実」は，先進国と途上国，民主主義と権威主義，北と南，西洋と非西洋といった違いにかかわらず，世界各国においてさまざまなかたちで見られてきたと言える。そして，それは，近年の越境的な資本や人口の流動性の高まりや情報通信技術の発展によって，今後さらに規模を拡大していくかもしれない。

　こうしたインフォーマルな政治を構成する諸要素を，比較政治学は拾い切れているのであろうか。比較政治学という学問が，理論や方法・手法の刷新を通じて発展を続けていることは言うまでもない。しかし，その理論や方法・手法が精緻で厳密なものになればなるほど，こうしたインフォーマルな政治を拾いにくくなる可能性もある。分析の透明性を十分に担保し難いもの，特に実証の際に定義，操作化・変数化し難いものをどのように扱うのか。それは，突き詰めれば，比較政治学の分析対象・範囲がどこまで及びうるのか，という比較政治学それ自体のあり方を考えることにもつながる（Radnitz 2011 : 367-8）。例えば，社会運動は長らく社会学のテーマであり，その発生要因や動員戦略に着目した分析が主流であった。これに対して，近年の比較政治学においては，インフォーマルな主体としての

社会運動が持ちうる政治に対する作用・効果についての体系的な研究が進められている。これは，比較政治学の分析対象・範囲の拡張と見ることができよう（久保・末近・高橋 2016：168-9）。

「インフォーマル」への着目は，「フォーマル」の役割の問い直しに加えて，比較政治学の分析対象や範囲，さらには，無意識の前提を捉え直す契機になり得るものと考えられる。こうした問題意識に基づき，本号では，インフォーマルな政治，具体的には，そこで観察される「政治制度」や「ガバナンス」——いずれも括弧付きの——を比較政治学の議論の俎上にのせ，その意義と可能性を考察することを目指す。

以下，各章の概要を紹介する。

第1章の岡本論文は，インドネシアの民族主義的・国粋主義的な組織であるパンチャシラ青年団の史的展開を追うことで，国家と暴力の関係をめぐるインフォーマルな政治の実態を明らかにしている。パンチャシラ青年団は，スハルト政権下で暴力の行使を「許容」されたインフォーマルな組織として与党ゴルカルによる支配の一翼を担い，その見返りとして地方議会での議席や経済利権を享受していたが，1998年の民主化後にアクターの乱立が起こると，自らの生き残りのためにフォーマルな政治への参入を試みるようになった。そして，保守的イスラーム勢力に対するカウンターバランスとしての地位を確立し，それと並行して，メンバーシップや命令系統の整備など組織化を進めていった。

岡本は，パンチャシラ青年団を「非国家的暴力アクター」——一般的な用語である「暴力的非国家アクター」ではない——と呼ぶ。ウェーバーによれば，国家は唯一の正当な暴力アクターとして振る舞うだけでなく，国内の様々なアクターに暴力の行使を「許容」することがあるとされる。岡本は，このウェーバーの議論を敷衍し，国家と暴力の関係においては常にインフォーマルな政治が生まれる余地が存在することを，インドネシアとパンチャシラ青年団の事例から論証している。

第2章の窪田論文は，スリランカの北・東部地域，インドネシアのアチェ，パキスタンの旧連邦直轄部族地域の3つの紛争国家・地域で独自に実施した質問票調査のデータ分析を通じて，内戦中における反乱軍による公共サービスへの市民の認識が戦後のナショナル・アイデンティティの形成に与える影響を分析したものである。「破綻国家」や「失敗国家」では，反乱軍が自らの実効支配下にある市民に対してインフォーマルな公共サービスを提供することがあるが，その結果として，それまでの「ナショナル」ではなく民族や部族といった「サブナショナル」なアイデンティティが強まるのではないか。この仮説を質問票調査のデータ分析を通して検証した結果，反乱軍による公共サービスに対する市民の認識が，国民としての自己認識の低下，また反対に民族・部族アイデンティティの強化と関連があることが明らかにされる。そこでは，反乱軍が展開するインフォーマルな「政治制度」や「ガバナンス」は，それまで国家が担ってきたフォーマルなそれを侵食しうることが浮き彫りになった。

　窪田の分析は，これまで世界的に手薄であった内戦下の「政治制度」や「ガバナンス」に関する研究，特に市民の受容や認識の実態解明に大きく貢献するものであると言える。紛争国家・地域に関する希少なデータを用いた事例研究としてだけでなく，同一フォーマットによる質問票を用いた複数事例の比較を通じた理論研究としても示唆に富む。

　第3章の酒井論文は，インフォーマルな運動体がフォーマルな政治に参入する際にどのような組織的・動員的変化を見せるのか，イラクにおける2つの事例の比較から論究したものである。具体的には，2018年国会選挙を戦ったサーイルーンとファタフという2つのブロックに着目し，それぞれの当選者および有力な立候補者のプロフィール分析を通して政治参入後の変化を浮き彫りにしていく。サーイルーンがあくまでも既存のフォーマルな政党への挑戦者，言い換えれば，かつてのインフォーマルな運動体としてのイメージを強調したのに対して，ファタフはフォーマルな組織であることをアピールすることに奔走した。こうした違いは，それぞれの母体

となる運動体がかつて国家とどのような関係を結んでいたのかに起因するとされる。すなわち、サーイルーンは、母体であるサドル潮流の体制への挑戦者としてのインフォーマルなイメージを、一方、ファタンは、人民動員機構（PMU）を組織して「イスラーム国（IS）」との戦いに従事したこと、つまり、イラクのフォーマルな国防組織の一翼を担った事実を強調する傾向を見せた。

　酒井によるイラクの事例は、他国でも見られてきた「革命運動が政党へ」と変化する過程において、「インフォーマル」が「フォーマル」へと不可逆的・単線的に移行するとは限らないという現実を浮き彫りにしている。インフォーマルな運動体は、支持者を結集し選挙で勝利するためには、「フォーマル」と「インフォーマル」を「行き来すること」が合理的な戦略となり得るのである。

　第4章の安論文は、日本と韓国の事例の比較から、企業主義的労働市場の改革の成否の違いを生み出した要因を検討したものである。両国では、いずれも政府が企業主義的労働市場の改革を進めたにもかかわらず、日本においてはその試みが法改正として実現したのに対し、韓国においてはそれが阻止された。この違いを生み出した要因は、政治過程、特にナショナルセンターの戦略の違いにあるとの仮説が立てられる。日本の連合は、フォーマルな交渉の場という「内」から条件闘争を行ったことで、最終的には政府との妥結に至った。しかし、韓国の民主労総や韓国労総は、社会からの支持を取り付けることに主眼を置き、労使政委員会からの一時脱退など「外」からインフォーマルな圧力をかけ続けたことで、政府との交渉は座礁したとされる。

　安は、労働組合の戦略には、「インサイダー／アウトサイダー」と「提携／非提携」の2つの選択の組み合わせがあるという。日本では「インサイダー・非提携」戦略を採ることで、法改正に至るまで政府と協力的な関係を結んだ。一方、韓国では「アウトサイダー・提携」戦略に基づき、デモやゼネストを行い、政府案への妥協よりも頓挫させる方を最終的に選択

した。この2つの事例の比較は，労働組合というものが「フォーマル」と「インフォーマル」のあいだのジレンマ，すなわち，交渉のアリーナに入れば政府のペースに巻き込まれるのに対して，交渉のアリーナに入らなければ何も得られないというジレンマを抱える傾向があることを示している。

　第5章の岡田論文は，21世紀初頭のコモディティ・ブーム期のペルーにおける鉱山開発の成否を分けた要因を分析したものである。鉱山開発は，膨大な経済的利益を生む一方で，環境汚染などの不利益も生むことから，ステークホルダー間の合意形成が成否を左右する。したがって，その「失敗」とは，社会紛争が激化して開発の継続が困難に陥ることと定義される。こうした合意形成を促すのは，第一義的には裁判所や政党といったフォーマルな制度であるが，ここで着目されるのが，国家の能力が低いにもかかわらず「失敗」を回避した事例が存在する現実である。そこで，岡田は，インフォーマルな制度による合意形成のメカニズムの存在を仮定し，ペルーのヤナコチャ（「失敗」）とセロ・ベルデ（「失敗」の回避）という2つの対照的事例に着目した差異法を用いることで，地方政治家が資源採掘企業と住民とを結ぶ営みである「インフォーマルな政治連合」の役割を分析する。すなわち，鉱山所在地の地方政治家にとって鉱山開発をめぐる支持動員は重要なサバイバル戦略であるとされ，その際，鉱山反対連合と利益分配連合という2つのタイプの政治連合を築くことがあるという。ヤナコチャの事例が前者であり，分析の結果，地方政治家は，反鉱山を打ち出したことで鉱山会社と住民とを結びつける利益分配連合を作る機会を失ったことが明らかにされる。一方，セロ・ベルデでは，鉱山会社と住民との関係が良好であったことから，地方政治家は，ステークホルダーを束ねながら交渉をするという仲介者の役割を担った。

　岡田の議論は，鉱山開発の成否を分析する際にさまざまなステークホルダーによるインセンティヴ構造を包括的に捉えることの重要性を示している。これは，フォーマルな制度のみに着目すること，また，その強弱——特に国家の能力の度合い——を成否の規定要因とすることの限界性，逆に

言えば，インフォーマルな政治の役割の重要性を示唆するものであろう。

　第6章の松嵜論文は，ウクライナを事例に，紛争下における憲法体制の変更が政軍関係の構造に与える影響を分析したものである。政軍関係は，固定的なものではなく，戦争や紛争を契機に変化させることがある。松嵜が明らかにしたのは，ウクライナでは，2014年の紛争の最中に行われた憲法体制の変更によって，国軍改革と自警団の台頭が起こった結果，「大統領の国軍」と「議会の準軍事組織」が並立するようになった事実である。これに伴い，政軍関係の構造は，「大統領の軍統制」から「大統領と議会による軍事組織の分割管理」に変化した。その背景には，紛争の発生に際して台頭したインフォーマルな自警団の存在があった。ただし，こうした自警団の台頭だけが憲法改正を通した大統領と議会のそれぞれの暴力装置の並立を生み出した要因ではなく，実際には，2004年憲法体制を通じてウクライナが抱えてきた政軍関係の構造的な特性——国軍と内務省部隊の並立——が2014年の紛争を契機に浮き彫りになったものであったとされる。

　松嵜の議論は，政軍関係論における「クーデタ耐性」の概念に対する示唆に富む。国軍と準軍事組織の並立は，両者を相互に監視・牽制させることでクーデタを防止しようとする国家（特に権威主義体制）の生存戦略の1つとして，世界の各国で観察されてきた。これに対して，今回のウクライナの事例が見せたのは，紛争下で生じた国軍と準軍事組織の並立は，文民の統制下で協調的な関係が築かれる可能性であったと評価できる。

　第7章の堀拔論文は，アラブ首長国連邦（UAE）における君主制の権威主義体制が部族ネットワークを利用することで権力の維持に努めてきた実態を明らかにしたものである。湾岸アラブ諸国の君主制の権威主義体制は，2011年の「アラブの春」を経てもなお持続しているが，その要因として指摘されてきたのが，政府による国民へのフォーマルなレント配分の存在であった。莫大な石油収入を原資としたレント配分は，国民から体制批判や転覆のインセンティヴを奪うことに寄与すると想定できる。しかし，UAEでは，「アラブの春」に際して国民から政治改革要求が表明されたこ

とから，こうした説明だけでは不十分であるとされる。そこで着目された
のが，インフォーマルな部族ネットワークであった。政府は，警察や治安
機関といったフォーマルな制度だけでなく，インフォーマルな部族を通じ
た国内社会の締め付けを実施することで，「改革派」を沈黙させることに
成功した。ただし，20世紀半ばの独立期以来の国家の発展過程で政治的な
影響力を低下させてきた部族が，フォーマルな政治の場に再登場するとい
う，いわば副作用が生じたのも事実であった。

　堀拔の議論には，いわゆるレンティア国家論を補完する面があるとされ
る。すなわち，権威主義体制下での政府によるコオプテーションが「機能
する」にはフォーマルなレント配分だけでは不十分であり，強い政治的信
念や宗教的動機を有した国民を統制するためのインフォーマルな支配が必
要となる可能性がある。特に議席や閣僚ポストといった政治的なレント配
分は，フォーマルな制度の「完成度」が高くなければ国民の側に「取り込
まれるインセンティヴ」を生み出しにくい。その点で，UAEは，他の湾
岸アラブ諸国と比べて選挙も議会の形骸化の度合いが高く，政府はよりイ
ンフォーマルな支配に依存せざるを得ないと考えられるのである。

　本号のテーマである「インフォーマルな政治制度とガバナンス」は，
2020年度日本比較政治学会研究大会における共通論題で扱われた。企画委
員会としての意図は，冒頭でも述べたように，インフォーマルな政治を比
較政治学の分析の俎上に積極的に載せることにあった。とはいえ，正直に
言えば，企画開始の当初からどこか不安を拭えないところがあった——さ
まざまな国や地域のインフォーマルな政治の実態を明らかにするだけでな
く，それを分析するための理論や方法・手法を考える契機にしたいという
狙いが会員に伝わるのか，と。しかし，幸運なことに，共通論題では3名
の会員（岡本会員，窪田会員，酒井会員）による素晴らしい研究報告に恵
まれ，武内進一会員（東京外国語大学／JETROアジア経済研究所）と馬
場香織会員（北海道大学，2020年度企画副委員長）からも建設的で有益な

コメントを頂くことができた。また，年報の編集においても，多くの会員からの投稿の応募があり，査読を経て最終的に4本の論文を採録することができた。共通論題の登壇者，年報への投稿者，査読者のすべての皆さまに心よりの感謝を申し上げる。

　共通論題と年報の編集を通して浮き彫りになったのは，「インフォーマル」と「フォーマル」の境目は案外自明ではないこと，あるいは，場合によってはシームレスにつながっている可能性があることであった。もちろん，このことを強調しすぎると，理論や方法・手法の精緻化を通して発展を続けてきた比較政治学の輪郭をぼやけたものにしかねない。しかし，その一方で，社会科学は，科学としての基準（反証可能性）を満たすことがいつのまにか自己目的化し，事例や方法・手法，あるいはデータの選好に偏りを見せるようになったのではないか。そこでは，意識的／無意識的に科学として「安全な」仮説と検証のループだけが繰り返されてはいないか。さらには，比較政治学者自身がフォーマルであろうとするあまりに，現実の政治のインフォーマルな部分を等閑視してはいないか。今号に採録された各論文が，こうした問いかけを考えるためのきっかけとなり，比較政治学という学問が「狭く深く」でもなく，「広く浅く」でもなく，「広く深く」さらなる発展を遂げていくための一助になれば望外の喜びである。

　企画開始からの1年半を振り返れば，新型コロナウイルスの世界的感染拡大によるさまざまな困難の連続であった。2020年度の研究大会は日本比較政治学会初のオンライン開催となった。こうした困難のなかで，企画委員会と年報編集委員会の両委員を務めて下さった岩坂将充（北海学園大学），外山文子（筑波大学），豊田紳（日本貿易研究機構アジア経済研究所），濱本真輔（大阪大学），鷲田任邦（東洋大学）の諸氏に感謝いたします。編集委員長の力不足に加え，今号より実験的に新たな編集方式が導入されたこともあり，多大なご負担をおかけしました。また，企画をお認めいただいた遠藤貢前会長と前理事会・事務局の皆さま，研究大会開催校の大阪市立大学の永井史男先生ならびに大会運営に関わったスタッフの皆さ

ま，年報の刊行を支えて下さった岩崎正洋会長と現理事会・事務局の皆さまに心よりのお礼申し上げます。

2021年5月

日本比較政治学会年報第23号編集委員長

末近浩太［立命館大学］

参考文献

Arjona, Ana, Nelson Kasfir and Zachariah Mampilly（2015）*Rebel Governance in Civil War*. Cambridge University Press.

Radnitz, Scott（2011）"Review：Informal Politics and the State," *Comparative Politics*, 43（3），pp. 351-357.

Risse, Thomas, Tanja A. Börzel and Anke Draude（eds.）（2018）*The Oxford Handbook of Governance and Limited Statehood*. Oxford University Press.

足立研幾編著（2018）『セキュリティ・ガバナンス論の脱西欧化と再構築』ミネルヴァ書房。

ウォール＝ヨルゲンセン，カリン（2020）『メディアと感情の政治学』（三谷文栄・山腰修三訳）勁草書房。

久保慶一・末近浩太・高橋百合子（2016）『比較政治学の考え方』（有斐閣ストゥディア）有斐閣。

末近浩太・遠藤貢編（2020）『紛争が変える国家』（シリーズ・グローバル関係学4）岩波書店。

錦田愛子編（2020）『政治主体としての移民／難民——人の移動が織り成す社会とシティズンシップ』明石書店。

目　次

暴力と政治参加
── インドネシアの事例から ──

岡本正明 ［京都大学］

1　国家と暴力

（1）　ウェーバーの古典的定義

　近代国家と暴力を論ずる研究は，ウェーバーの古典的な定義を出発点とすることが多い。その定義は，「国家とは，ある一定の領域の内部で正当な物理的暴力行使の独占を（実効的に）要求する人間共同体」というものである。この定義の影響は大きく，ダグラス・ノースらの『暴力と社会秩序』は，そもそも現代社会において，暴力を独占できている国家は2ダースにも満たないにもかかわらず，多くの研究は国家が暴力を独占しているということを前提としていると述べている。そして，「経済や政治組織と発展に関する経済，政治理論は暴力の問題を無視することが多い」とまで言い切っている（North et al. 2013：273）。

　興味深いことに，既存の研究に批判的なノースらの指摘さえも，ウェーバーが上記の定義に続けて，「国家以外のすべての団体や個人に対しては，国家の側で許容した範囲内でしか，物理的暴力行使の権利が認められない」（ウェーバー 1980）と述べていることに留意しているようには思えない。このウェーバーの文章を換言すると，「国家の側で許容した範囲」であれば，国家以外の団体や個人が物理的暴力行使をできるということである。どういった団体や個人による暴力行使を許容するのかは国家のスタンスや能力によって異なっており，民主主義体制か権威主義体制かという体

制分類だけでは類型化できない。本稿では，国家の暴力装置である警察と軍隊以外に暴力を行使する団体や個人を非国家的暴力アクターと捉えて，インドネシアの事例を検討していくことにする。

　もちろん，ギャングやマフィアなど，暴力をリソースとするアクターの研究は数多い。ホブズボムのバンディット研究（1969）に始まり，イタリアのマフィア研究（Blok 1974；Gambetta 1993）から，共産圏崩壊後のロシアの暴力をリソースとする起業家研究（Volkov 2002；Varese 2001），ラテンアメリカのギャングの研究（Rodgers 2004 and 2006など）などがあるし，日本の暴力団研究，暴力専門家の政治性を分析した研究（Hill 2003；Siniawer 2008など）もある。また，ギャングの世界的比較研究書も出ている（Hazen and Rodgers eds. 2014）。こうしたなかで，インドネシアに着目するのは，本稿でとりあげるパンチャシラ青年団のように，国家が許容する非国家的暴力アクターの中には，治安機構との関係強化に成功してきているだけでなく，他国に例を見ないほど地方政界だけでなく国政にもインフォーマルなネットワークで超党派的に政治参加を果たしているアクターが存在するからである。

（2）　国家と非国家的暴力アクターの関係図

　インドネシアの事例に入る前に，国家と非国家的暴力アクターの関係を整理し，本稿が対象とするアクターの位置づけを明確にしておきたい。非国家的暴力アクターについて，国家が許容するアクターか否か，アクターの行動が合法か否かで分類したのが図1である。

　第1象限（合法で許容）にあたるのは，戦場で軍隊とともに任務を遂行する民間軍事会社，平時に顧客である企業や居住地を守る警備会社などが考えられる。明治国家日本が作った開拓したばかりの北海道の請願巡査制度では，民間人が資金的支援をする警察官の存在を認めていたが，これは第1象限の例といえる（猪瀬 2016）。第2象限（合法で非許容）の例は想定しにくい。第3象限（非合法で非許容）は，テロなど非合法的手段で国

図1　国家と非国家的暴力アクターの関係

家転覆を目論むテロリスト集団，違法麻薬ビジネスや人身売買などを手掛けて非合法組織とされるイタリアのマフィアなどが考えられる。

　第4象限（非合法で許容）は非合法行動をしながら国家が許容しているアクター，非合法ビジネス，暴力や恐喝で利益を上げながらも国家が存在を許容しており，合法・非合法の二分論だけでは捉えきれないグレーゾーンに存在しているアクターである。第1象限と第4象限，第3象限と第4象限の間には明確な線引きが難しく，フィリピンなどでは警備会社といっても実態は地方ボスの私兵団として非合法活動に従事している場合もあり，第1象限というより第4象限に入れたほうが良いし，国家のスタンスの変化により第4象限に分類されるアクターが国家に敵視されて第3象限に入ることもある。

　東南アジアで考えてみると，こうした第4象限に分類されるアクターは多い。例えば，ミャンマーの一部の民兵団が第4象限の類型に入る。ミャンマーでは歴史的に民兵団が国境地帯の治安維持に活用されており，その数は最大で5,023も存在し，団員は8万人から18万人という。そうした民兵団の中には，麻薬売買などの非合法活動をしながら治安維持活動をしているものも存在する（Buchanan 2016）。

　タイでは，1990年代後半に首相に就任したタクシンが強い政治的権力を握り始めると，それに対して国軍，王室が反発し，2014年に国軍がクーデタを起こしてタクシン派から首相の座を奪い取るなど，タクシン派と反タクシン派の深刻な対立が続いてきた。更に，仏教徒が多数派のタイにおいてムスリムの多い深南部では独立運動が続いてきた。そうした状況下にあって，国軍は冷戦時代に作り上げた反共的大衆組織を復活させた。保守

的エリートには脅威である反王室，反国軍の動きを国家安全保障への脅威とみなし，その活動を監視し，警察と国軍をサポートして治安維持をすることなどを目的としている。例えば，自発的防衛団はそうした組織の一つであり，深南部の政治不安定の高まりに伴い活動量を増やした。ミャンマー難民やムスリムに対する権力乱用や人権侵害を行うのみならず，軍人，警察，公務員とつるんで，人身売買，違法麻薬売買，武器密輸など非合法ビジネスに関与しており，第4象限に入るアクターである（Puangthon 2020：122）。

　次にマレーシアの例を見ていこう。マレーシアと言えば，東南アジアのなかで経済成長に成功して治安もよい国家の一つとされ，2018年までは与党連合による権威主義的支配が続いていた国であった。国内治安維持法，同法に代わって2012年に制定された治安違反・治安対策法は，警察が反政府活動家などを容易に勾留する規定を持っており，警察による市民への統制は厳しかった。それでも，非国家的暴力アクターが活動する余地はある。マレーシアでは彼らは一般にギャングと呼ばれている。¹⁾

　2013年8月，内務省は40,313人が49のギャング組織に所属しており，この49のギャング組織は違法であると発表した。マレーシアは主にマレー人，華人，インド人からなる多民族国家であり，ギャングも民族ごとに組織化される傾向にある（Sundaily 2013/8/29）。このギャングが第4象限の類型に入るのは，マレーシアの警察はギャング組織を違法視しながら許容もしているからである。2016年当時の内務副大臣は，ギャングが利権確保に血眼になれば取り締まりを強化するが，通常は，警察とギャングはともに治安の維持が目的の一つであり，その点について一種の協力ゲームが成り立っていると述べた。ギャングが暴力を行使するのは基本的に縄張り争いをしているライバルのギャングに対してであり，縄張り内の治安維持に一役買っている。警察にすれば，ギャングはいつでも排除できる。彼らが治安悪化の根源でないのであれば，その非合法活動を黙認する代わりにインフォーマルに地域の秩序維持を任せたほうが安上がりだとの認識があるの

であろう。[2]

　この内務副大臣ほど明確に国家と非国家的暴力アクターの間の協力ゲームの存在を指摘することは珍しいかもしれない。非国家的暴力アクターの中には，「みかじめ料」の取り立て，不動産の強制収容・占有，借金取り立てなどに従事する他，麻薬取引，売春，違法賭博といった非合法ビジネスにも従事していることが多く，国家からすれば一般には取り締まりの対象である。しかし，国家にとってメリットもある。というのも，こうしたアクターはビジネスを独占的に行おうと縄張りを作り，その拡大のために他の暴力ビジネス・アクターと抗争を繰り広げる一方で，少なくとも縄張り内の安全の確保には努めるし，アンダーワールドの一部でもあるため，重大な犯罪に関する情報源ともなるからである。以下，本稿では，インドネシアにおけるこうした非国家的暴力アクターを取り上げる。

2　権威主義体制下の非国家的暴力アクターの育成

（1）　国家が独占しない暴力

　インドネシアにおいては，近代国家として誕生した植民地国家である蘭領東インドの頃から，国家が暴力を独占するという発想そのものがなく，非国家的暴力アクターに依存する形で秩序づくりを行ってきている。そのせいもあり，インドネシアではこうしたアクターへの研究蓄積があり[3]，とりわけ，民主化前後の社会不安が広がったときにはこうした暴力アクターの各地での社会的，政治的台頭が見られて，その研究が進んだ（岡本 2017）。国政にインフォーマルに影響力を与えるだけでなく，国政に参加するアクターもおり，「インドネシアの民主主義に必須の一部」（Ryter 1998：73）となっているにもかかわらず，民主主義定着後の研究はそれほどない。ウィルソン（Wilson 2015）の研究が首都圏でのこうしたアクターの民主化への適応，軍・警察や政治家との関係を詳述している。しかし，インドネシアにおける民主化後の国家と暴力を考えようとすれば，そ

してまた，暴力をも視野に取り込んだ政治秩序の態様を考察しようとすれ
ば，国政レベルにも影響を及ぼした始めたアクターを分析することは不可
欠である。こうしたアクターは，インドネシアでは2つのタイプがある。
まず，コーランの厳格な解釈を重視する保守的なイスラーム理解に基づい
て暴力行使をするイスラーム防衛戦線のようなアクターである。しかし，
この戦線は，民主化後に警察の庇護もあり影響力を増しすぎてしまい，保
守的イスラームの影響力に危機感をつのらせたジョコ・ウィドド（以下，
ジョコウィ）政権によって2020年12月に解散させられた（第4象限→第3
象限）。本稿では，こうした保守的イスラームの台頭に対抗する形で政治
的影響力を増しつつあるもう一つのタイプである国粋主義的なアクターに
着目し，その代表であるパンチャシラ青年団の政治的台頭を主に分析して
いくことにする。分析にあたっては，スハルト権威主義体制崩壊直後まで
はライターの著作（Ryter 1998；2009；2014）や80年代から総裁を務め
るヤプト・スルヨスマルノの母親の伝記（Janssen 2016）などに依拠し，
民主化後はこうした著作や新聞記事に加えて，青年団幹部へのインタ
ビューや青年団所有データに依拠する。

（2）　パンチャシラ青年団の誕生

　1945年の独立直後，インドネシアは他の東南アジア諸国同様に議会制民
主主義を採用したものの長続きしなかった。地方反乱が起き，イスラーム
勢力と共産主義勢力の対立が深化して政治的不安定が高まったからである。
1957年に初代大統領スカルノが議会制民主主義を廃して権威主義体制を開
始した。陸軍はイスラーム勢力と関係を深めて共産主義勢力との対立を激
化させた。陸軍は非国家的暴力アクターとして，暇を持て余した若者，そ
して，ごろつきや不良といった秩序撹乱者たちを組織化した（Ryter
1998）。パンチャシラ青年団もこうした組織の一つである。この青年団が
具体的に誕生した時期ははっきりしない。青年団の公式資料では1959年と
なっているが，実際には1960年代前半の可能性が高い。1952年に元陸軍参

謀長が政党やイデオロギーがもたらす混乱に反発して作ったインドネシア独立支援連合（IPKI）の青年部隊がパンチャシラ青年団である。インドネシアの国家原則であるパンチャシラを名前に掲げていることから分かるように民族主義的・国粋主義的な非国家的暴力アクターである。

　スカルノ権威主義体制のもとで，陸軍と共産党が権力闘争をする中で，パンチャシラ青年団は反共組織として共産党系の青年部隊と抗争を繰り返した。結局，陸軍と共産党との対立に歯止めがきかなくなり，1965年9月に共産党によるクーデター事件，いわゆる930事件が起きると，スハルト率いる陸軍は共産党解体をもくろみ，非国家的暴力アクターを積極的に活用した。こうしたアクターは反共産主義のデモを繰り広げるだけでなく，闘争資金と称して華人たちから金を徴収し，また，共産党関連の資産没収にも関与した。パンチャシラ青年団は，北スマトラやアチェで軍を後ろ盾として積極的に共産党員狩りを行った。このあたりは，930事件を取り上げて話題になったドキュメンタリー映画『アクト・オブ・キリング』『ルック・オブ・サイレンス』にも描かれている。

　当時，北スマトラ州支部長をして共産党員狩りで名を馳せて，スハルト体制発足後の1968年には総裁になるエフェンディ・ナスティオンは，「（パンチャシラ青年団の）構成員は皆，非行青少年，不良，泥棒，強盗，殺し屋であって」，組織が何たるかなど知らなかったと言っている。そして，州支部以下の支部長を選択する基準は，服役経験の有無，刺した人数，殺した人数，抱える構成員数であったという（Muryanto 2013：63-65）。発足時の構成員のこうした社会的背景は，今でも消えておらず，パンチャシラ青年団の幹部たちは，「我々は悪い人間を良い人間にしている」と豪語することが多い。

　1966年にスハルトが権力を掌握して新秩序体制と呼ばれる権威主義体制を樹立していくと，いったんは非国家的暴力アクターの「武装解除」が進む。パンチャシラ青年団も存在感を弱めた。特に大都市では，両親やパトロンを通じて陸軍とインフォーマルなつながりを持ち，暇を持て余したも

のたちによるギャング集団が生まれた。彼らは抗争，暴行，殺人，強姦，強奪，違法麻薬使用，窃盗，その他不適切なふるまいをしていた（Ryter 1998：61）。

　そこで，スハルト体制は，社会の末端レベル（町内会，隣組）において軍と警察の監督下で住民に夜警などを行わせつつ，不良たちを末端レベルの警備役に仕立てていった（Barker 1999）。加えて，国軍が全国レベルでも地方レベルでも非国家的暴力アクターを組織的にまとめ上げて強引に平穏を作り上げると同時に，アンダーワールドの可視化を図った（Wilson 2015：15-18）。全国レベルでは，パンチャシラ青年団に加えて，独立戦争従事者の子弟などからなるパンチャ・マルガ青年団（PPM）や軍人の子弟たち中心のインドネシア退役軍人子弟連絡協議会（FKPPI），バラディ・カルヤ，インドネシア刷新青年団（AMPI）（政権党ゴルカルの青年部隊）などがある。地方では地方軍管区が西ジャワではシリワンギ青年団（AMS），バンテン地方ではインドネシア文化・芸術・拳術家連合（PPPSBBI），中ジャワではディポヌゴロ青年団，ジョグジャカルタ特別州では治安中核司令部（Kotikam），北スマトラでは勤労青年連帯（IPK）の結成を支援した（Ryter 1998；Beittinger-Lee 2009；Okamoto and Abdur 2006）。

　スハルト権威主義体制が5年に一度行う総選挙では，与党ゴルカルを確実に勝利させるために，こうした非国家的暴力アクターが暴力と脅しで野党や活動家など反対勢力を弱体化させた。例えば，スハルト体制期最後の1997年総選挙前に，ジョグジャカルタ特別州のゴルカル支部は，ジャワ語でガリ（gali）と呼ばれるヤクザものを集めてチャクラ特別部隊を作り上げて，ゴルカル候補者の警備だけでなく，野党事務所や党員を襲撃している。同支部の幹部は，野党もガリを集めている以上，ゴルカルもガリを動員する必要があり，警察などの公的治安維持装置が人材不足であるから仕方がないし，ガリを利用しなければ，ガリたちが暴動を起こしてしまうと述べて，非国家的暴力アクターの動員を正当化している（Alfitra and

Emilia 1999：104）。

　非国家的暴力アクターはゴルカルを警備した見返りに地方レベルで議席を獲得した。と同時に，インドネシアの経済成長が軌道に乗ってくると，非国家的暴力アクターは市場などでの駐車料金の取り立て役，バー，ナイトクラブや売春宿での用心棒役となり，店舗や露天商から場所代取り立て，借金取り立て，所有権が錯綜している土地の占有権を主張するための見張り，デベロッパーの依頼を受けた住民立退きのための恐喝を行い，密輸にも関与した。さらには，マンションやビルの建設が始まれば，警備役を買って出るだけでなく，建設資材や現場作業員の供給を強引に申し出た。こうしたビジネスは今でも続いており，組織としての資金源だけでなく，一般の構成員にとって重要な稼ぎとなっている（kumparan.com 2019/12/6）。

（3）　パンチャシラ青年団の台頭

　非国家的暴力アクターのなかでも，80年代に入ってスハルト自身が全国レベルでまとめ役を任せたのがパンチャシラ青年団である。スハルト大統領は，彼の右腕的存在であったアリ・ムルトポが実力をつけすぎてスハルトを脅かすことを恐れ始めていた[4]。諜報畑のトップであるムルトポは各界に広範なネットワークを持っており，政権党ゴルカルを作り上げて1971年，1977年の選挙で勝利に導く上でも貢献が大きかった。ムルトポは1980年に発足させたゴルカルの青年部隊，AMPIを非国家的暴力アクターの核に仕立てようとしていた。

　ムルトポのフォーマル，インフォーマルな台頭に脅威を感じたスハルトはヤプト・スルヨスマルノに目をつけた。というのも，ヤプトの父親は，スハルト夫人ティンとは縁戚関係にあったからである。ヤプトは，1949年に，後に少将にまでなる軍人の父親とユダヤ系オランダ人の母親の間に生まれた。若い頃には，パラシュートを趣味とし，軍人子弟たちがメンバーとなり，ジャカルタで悪名高い不良グループ234SCの頭をしており，喧嘩

に明け暮れて収監もされている。1960年代，スカルノ政権が共産主義に傾倒していったときには，高校生でありながらすでに右翼活動家として連日のように反共産主義デモに参加していた（Janssen 2016：189-194）。彼の母親によれば，ヤプトは父親を倣って軍人になりたかったものの，低身長ゆえ無理であった。そのことが，パンチャシラ青年団という非国家的暴力アクターとのつながりを深めていった理由だと考えられる。1981年に同青年団の総裁に選ばれている。1984年にはインドネシア・キリスト教大学法学部を卒業して弁護士資格も持ち，弁護士業も行っている。

　1980年代なかばには，非国家的暴力アクターに所属するヤクザものや不良たちが路上で数千人も殺害される「謎の銃撃事件」が起きた（Bourchier 1990；今村 2019）。この事件で殺されたのは，ムルトポに近いヤクザものたちであった。スハルトは後の自伝でこの殺人事件について秩序を回復するための「ショック療法」だと言っているが，それは同時にムルトポの権力弱体化を目指したものでもあった。その後，一気にヤプト率いるパンチャシラ青年団が非国家的暴力アクターの中核にのし上がった。ヤプトのもとで，組織整備を進め，各州に支部を置き，幹部にはパンチャシラのイデオロギーを植え付けた。5年に一度の選挙では暴力性を武器にゴルカルを支えつつ，幹部の構成員たちはビジネスチャンスを与えられてスハルト体制期の政治的安定と開発を十分に享受した。幹部などは警備会社や土建業社などさまざまなビジネスを持ち，国家予算や地方予算のプロジェクトを獲得した。一般の構成員の大半は無職か非正規雇用労働者であって，前科者や不良たちの寄せ集めであった。彼らは構成員になることで，先に上げたような金銭取り立て業や用心棒業などを行って日銭を稼ぎ，その一部は幹部の稼ぎとなった。

　非国家的暴力アクターとしてパンチャシラ青年団の影響力が拡大するにつれ，政治家，官僚，企業家なども名を連ねるようになったし，一般構成員も増え続けた。構成員数を正確に把握しているわけではないとはいえ，1980年代なかばには100万人を公称し，90年代後半には400万から1000万と

いう構成員数を幹部たちが誇り始めた（Ryter 2012：148）。ヤプト自身も
弁護士として紛争解決するだけでなく，不動産ビジネスで利益を上げ，ス
ハルト一族を中心に政財界に広範なネットワークを作ることに成功した
（Janssen 2016：272-277）。

3 　民主化・分権化後の非国家的暴力アクターの分散と政治参加

（1）　パンチャシラ青年団のインフォーマルな政治参加による生き残り

　1997年にアジア通貨危機が起きて，スハルト体制が崩壊し始めると都市
部を中心としてスハルト体制が作り上げた秩序が弛緩していった。国軍な
ども絡みながら宗教紛争，民族紛争，反華人暴動が起き，学生運動，農民
運動，労働運動も再活性化していった。1998年5月にスハルト大統領が辞
任して彼の右腕であったハビビが大統領になっても治安の悪化は止まらな
かった。そうした状況で，国軍は以前から共存してきたパンチャシラ青年
団，PPM，FKPPI，AMPIといった民族主義的な非国家的暴力アクターの
みならず，スハルト体制期後半から関係を深めてきたイスラーム的な非国
家的暴力アクターをハビビ大統領擁護のために組織化していき，ハビビ政
権をスハルト体制の継続であるとして批判デモを繰り広げる学生勢力らと
対峙させた。結局，中央政界では，反対派のエリート層がハビビによる民
主化・分権化路線に同調することで革命や路上デモではなく選挙が政権交
代のルールとして合意される。

　その一方，地方レベルではスハルト体制時代の強圧的な軍や警察に対す
る反発もあり，宗教やエスニシティに基づく自警的な非国家的，反国家的
暴力アクターが台頭してきた（Wilson 2015）。さらには，単なる火事場泥
棒のように利権獲得を目論んだ非国家的暴力アクターも台頭した（岡本
2015）。結局のところ，こうした新興勢力もまた場所代取り立てや用心棒
役など，既存のアクターと同じビジネスの利権獲得を目論むようになり，
複数の新旧アクター間で勢力圏拡大を目指した抗争が頻発した。場合に

よっては，国軍や警察とも対峙していった。

　アクターの乱立に加えて民主化・分権化で起きたもう一つの変化は，非国家的暴力アクターのフォーマルな政治への多元的参加である。非国家的暴力アクターが複数の政党から議員候補になるルートが誕生した。加えて，2005年から地方首長の選出が直接選挙になると，その選挙チームに参加するだけでなく，非国家的暴力アクターの幹部なり構成員が首長候補として立候補するようにもなった。首長として当選を果たせば，拡大した自治体予算に加え，さまざまな許認可権を使えるようになり，パトロネージ拡大につなげることができた。

　こうした民主化・分権化に対して，パンチャシラ青年団は試行錯誤しながら，うまく適応していった。まず，スハルト体制崩壊前後の学生デモに対しては，国軍に動員されながらもうまく立ち回り，学生との正面衝突は避けてイメージ悪化の回避をもくろんだ。パンチャシラ青年団は，スハルト体制期に軍，警察，政官財界にネットワークを樹立しており，豊富な政治リソースをすでに持っていたとはいえ，民主化・分権化直後に台頭した宗教やエスニシティを基盤とした非国家的暴力アクターに構成員を奪われて，一時は構成員員数が半減したともいう[5]。

　組織としての存亡が問われるなか，民主化後初めての1999年総選挙を控えた特別総会において，パンチャシラ青年団は構成員の政治参加を自由にし，ゴルカル党に限らず，どの政党を支持してもよく，どの政党から立候補してもよいことにした（Nina 2008：10；Syahrul et al. 2017：100；Ryter 2009：187）。既存のネットワークもあって，大半はゴルカル党に残存したが，他政党に移ったものも多かった。例えば，西ジャワのパンチャシラ青年団は，スハルト体制期最後の97年選挙では，ゴルカルから割り当てられた議席数は24であった。民主化後初の総選挙である99年選挙では，ゴルカル党から12人，闘争民主党から18人など，合計58人の国会議員，地方議会議員を輩出することに成功している[6]。

　ヤプト総裁は，民主化後にゴルカル党支援をしたところで，「仕事がな

く，プロジェクトも寄付金もない」（Janssen 2016：294）ことが明らかに
なったと述べて，2001年に新政党，パンチャシラ愛国者党を発足させた。
ヤプトによれば，パンチャシラ青年団は600万の構成員数を誇り，そのう
ちの450万人が構成員証を有することから，政党を作れば得票率を見込め
るとのことであった（Tempo. co 2003/8/9）。しかし，2004年総選挙での
パンチャシラ愛国者党の得票数は約100万票（1％）でしかなかった。
2009年総選挙には愛国者党として選挙戦を戦ったが約55万票（0.5％）し
か取れなかった。ヤプト総裁は2008年にヤプト・センターを華々しく立ち
上げて，発足式では大統領選挙への出馬にも意欲を示したものの，その意
気込みを金銭的・政治的に支援する動きは起きなかった。[7] 政党を設立した
り，総裁が大統領選に出馬したりするようなフォーマルなルートを通じた
政治への参加，換言すれば，パンチャシラ青年団が過度に可視化されるよ
うな政治への参加は惨憺たる結果であった。その理由の一つは，パンチャ
シラ青年団は構成員に対してパンチャシラ愛国者党，愛国者党への支持を
義務づけていなかったことである。そもそも，ゴルカル党を中心として他
党で議員となっている幹部も多かった。例えば，ヤプトに次ぐ幹部にあた
るヨリスは新党発足に反対であり，ゴルカル党議員であり続けた。また，
パンチャシラ青年団はスハルト時代から評判が悪く，有権者から広く支持
を受けることは難しかった。暴力と恐喝で金銭を強要された有権者，他組
織との抗争事件で死傷者が出たという記事を読んだ有権者がおり，選挙と
もなれば強面で脅された有権者もいる。また，賭博や売春といったアン
ダーワールドでの暗躍も多くの有権者が聞いているところであり，ごろつ
きの政党というイメージを払拭できなかった。ヤプト自ら，「（パンチャシ
ラ青年団は）必要とされているが，嫌われている」ことは理解していた
（Tempo. co 2019/10/27）。

　ただし，先の西ジャワでの例にあるように，さまざまな政党から出馬し
て議員になるという意味での政治参加に成功している。その理由は，パン
チャシラ青年団の幹部クラスともなると，政官財界に顔が利く上，厄介者

たちをまとめ上げてきた経験から，政治工作に慣れており，デモ対策経験
もあり，選挙ともなれば一般の構成員を動員することができるからである
（Ryter 2009）。ここで言う動員とは，単に構成員が選挙キャンペーンに関
与するにとどまらず，選挙監視委員会の目が届きにくい場所においては，
ライバル候補の運動員を脅して選挙キャンペーンを妨害したり，有権者を
脅迫して支持政党・候補に投票させたりするといった行為も含まれている
（Muryanto 2013）。それゆえ，候補者のなかには，パンチャシラ青年団に
キャンペーン資金を提供して取り込みながらも，実際にキャンペーンで積
極的に動いてくれるのを期待しておらず，むしろ，自らや支援者たちがこ
うした暴力や恐喝を受ける可能性を減らすためだけに取り込んだ場合もあ
るようである。

　1999年の総選挙では，ゴルカルを中心として約400名の国会議員，地方
議員を輩出しており（Wilson 2006：290），2004年総選挙では，12名の国
会議員，115名ほどの州議会議員，400名以上の県・市議会議員を輩出した
（Ryter 2009：188）。2009年総選挙でも複数の政党から535人の議員が国会，
州議会，県・市議会の議員となっており，先述のヨリスによれば，国会だ
けで30名以上の出自がパンチャシラ青年団だという（Tempo. co
2013/3/17）。ヤプトの伝記では，1999年から2014年までにパンチャシラ青
年団から大臣4名，正副州知事3名，正副県知事・市長7名を輩出したと
あるが，これは一部に過ぎない（Didik 2011：73-77）。例えば，パンチャ
シラ青年団が影響力を持つ北スマトラ州の2008年の正副県知事・市長をみ
てみれば，同州内35県・市のうち，7県・市の首長，5県・市の副首長が
パンチャシラ青年団幹部である（Muryanto 2013：230）。

　2019年総選挙では，575名の国会議員のうち少なくとも25名，首都ジャ
カルタ州の106名の州議会議員のうち議長を含めた13名がパンチャシラ青
年団構成員である[8]。ゴルカル党所属議員が多いが，それ以外の政党所属議
員も目立っており，多様な政党を通して政治参加を果たし続けている[9]。
2020年に行われた270の地方首長選挙にあたっては，内務省のように地方

首長選挙デスクを設けて構成員の勝利を目指した。9州知事選のうち6つに幹部が出馬し，3つで勝利を収めている。パンチャシラ青年団の拠点である北スマトラ州で行われた23県・市の首長選のうち，21の首長選で支持候補を決めて選挙キャンペーンを行った。17の首長選で勝利を収め，パンチャシラ青年団幹部を6自治体の正副首長（5県知事，1市長，1副県知事）に据えることに成功し，残りの11自治体についても，選挙キャンペーンの段階でパンチャシラ青年団は支持候補者と誠実協定を交わした。その中身は，汚職撲滅に取り組み，誠実で透明性を高くすることといった当たり障りのないものに加えて，パンチャシラ青年団を自治体のパートナーとみなして，開発や社会事業に関与させることを求めていた。

　さらに，政界だけでなく，パンチャシラ青年団は官界や財界にも構成員を有する。中小企業融資，製鉄，畜産関連の国営企業のトップや幹部になっている。また，国軍や警察とも連携を維持している。だからこそ，食料調達庁（Bulog）と同意書を締結して，同庁による生活必需品販売網の末端で協同組合をパンチャシラ青年団が作ることになったり，国防省が始めた国防プログラムの遂行をパンチャシラ青年団がサポートしたりするなど，政府関連プロジェクトを獲得でき，末端の構成員に仕事を提供できるようになっている。こうしたネットワークの強さがパンチャシラ青年団の構成員となる魅力ともなっている。コロナ感染症拡大状況においては，コロナ対策相互扶助運動を立ち上げて，軍・警察の依頼を受けて市場での感染防止策の支援を行ったり，民間財団などと連携しながらマスク配布や食料品の配布を行ったりしている（matamatapolitik.com 2020/10/12；kontan.co.id 2020/6/29）。

　地方レベルともなれば，北スマトラ州のように政財官界のみならず，主要な地方メディアも影響力下に置いている場合もある。そうなると，地方首長はパンチャシラ青年団を無視することはできなくなる。そこまでパンチャシラ青年団の影響力が強くない地域でも，首長とすれば，パンチャシラ青年団は自らへの抗議デモ対策に動員できるし，関係を絶てば厄介な存

在であることから，社会組織支援の名目で自治体予算配分をしたり，許認可権を与えていたりすることは珍しくない。ジャカルタ州の場合には，パンチャシラ青年団の州支部事務所が州所有地にあり賃料は不要である。

（2）　パンチャシラ青年団の政治参加の外的要因

　上述のようにパンチャシラ青年団が超党派的に政治参加を果たすことができるのは，外的要因と内的要因の2つがあるからである。まず，外的要因とは，民主主義の定着と保守的イスラーム勢力の台頭である。現在のインドネシアでは，独立運動が続くパプア地方を除くと，スハルト体制崩壊直後のような広範囲に及ぶ政治社会的不安定が広がっているわけではない。2000年代半ばに初めての大統領直接選挙で選出されたスシロ・バンバン・ユドヨノが着任する頃には，水平的社会的亀裂に沿った紛争は収まっていった（岡本 2015）。民主化・分権化して地方レベルでも権力争いが顕著になったが，一地域内の抗争は予想以上に暴力の拡散につながっていない。その理由の一つは，2000年代に入って民主主義が定着して軍と警察が信頼に足る治安維持装置として復権を始めると，公的暴力装置とのネットワークを持たないアクターは影響力を弱めていき，生き残ったアクター間で勢力圏が確定していき，大規模な紛争に歯止めがかかっているからである（Tirto. co. id 2019/3/5）。パンチャシラ青年団は公的暴力装置との関係を強化することで民主化の波に乗った典型例である。

　今のところ，非国家的暴力アクターも絡む形でインドネシアが不安定化するとすれば，イスラーム急進派が関与する場合である。イスラーム急進派によるテロはときおり発生しており，2002年には202人の死者を出したバリ自爆テロも起きた。2005年には再びバリでテロが起き23人の死者を出した。その後，2000年（死者数18人，以下，カッコ内は死者数）に各地の教会をターゲットとしたテロがあり，2003年（12人），2004年（9人），2009年（9人），2016年（8人）にはジャカルタ，2018年（28人）にはスラバヤで自爆テロが起き，2021年に入ってもマカッサルの教会で自爆テロ

が起きた。2017年12月12日には，イスラーム急進派が反ジャカルタ州知事
デモを主導した。インドネシア史上最大の75万人を動員したもので政治的
インパクトは人きかった。

大規模デモのターゲットとなったジャカルタ州知事は，プロテスタント
の華人であるバスキ・プルナマ（通称，アホック）である。前任のジョコ
ウィ州知事が直接選挙で勝利して大統領に選出されたことで，副知事で
あったアホックが2014年に州知事に着任した。アホックは行政改革やICT
による公共サービスの向上などを実現して人気を博す一方，イスラーム保
守層からすれば，そもそも非ムスリムが首都のトップにいることが不満で
あった。また，ジャカルタの治安維持においては軍と警察を重視し，イス
ラームやジャカルタのエスニックグループであるブタウィをベースとする
非国家的暴力アクターから距離を取ろうとしたため，彼らへの利権分配が
減った。そのため，2017年のジャカルタ州知事選に出馬すると反発が広
がっていった。そして，アホックによるコーランを引用した発言が一部切
り取られてオンライン上に流れると，イスラーム急進派はその発言がイス
ラームを侮辱しているとして猛烈に批判を始めた。とりわけ民主化以後，
インドネシアのムスリムの間で厳格なコーラン解釈を重視するという意味
での「保守的転換」（van Bruinessen ed. 2013）が起きていることもあり，
この反アホック・キャンペーンは保守化したムスリムの大動員に成功した。
そして，アホックは州知事戦で敗北した上，裁判で宗教侮辱罪の判決をく
だされて収監された（IPAC 2018）。宗教・宗派，エスニシティなど複数
の社会的亀裂が走るインドネシアにあって，敬虔なイスラームか否かとい
う亀裂だけが極度に政治化して，首都だけでなく2019年の大統領選を通じ
てインドネシア社会を二分化していく可能性があった。

2019年に再選を目指した現職ジョコウィ大統領は2つのことを始めた。
まず，反アホックの急先鋒の一人であったイスラーム指導者マアルフ・ア
ミンを副大統領候補に据えることで，一部のムスリム保守派を取り込んだ。
この効果は大きく，社会の分断の先鋭化による不安定化を防いだ。さらに，

ジョコウィは権威主義化したと言われるほど，反政府的言動の取り締まりを強め（Power 2018），民族主義，パンチャシラを強調し始めた。2020年12月には，反アホック・デモを率いた人物をトップとして急拡大していたイスラーム防衛戦線を解散させた。そして，民族主義的な非国家的暴力アクターであるパンチャシラ青年団を積極的に取り込んだ。民主化・分権化後に宗教やエスニシティに依拠した非国家的暴力アクターに構成員を奪われていたパンチャシラ青年団にとっては好都合な政治変化であった。ただし，同じく民族主義的なPPMやFKPPIといったアクター以上に影響力拡大に成功できたのは，こうした外的要因に加え，パンチャシラ青年団自身の変容もあったからである。

（3） パンチャシラ青年団の政治参加の内的要因

　パンチャシラ青年団は初代総裁の言うような荒くれ者の集合体で組織としての体をなしていない状態からは大きく変貌を遂げている。2019年時点では，総裁1名，副総裁4名，事務局長1名，副事務局長19名，財務部長1名，副財務部長4名，部門長19名（組織・構成員部門，幹部養成部門，政治・国防・治安部門，資金・インフラ部門，経済・中小企業・労働部門，青年・スポーツ部門など14のセクター別部門とスマトラ部門，ジャワ・バリ・NTB部門など5つの地域別部門）に加えて，部長9名（挺身中核司令隊，法律扶助・支援部，実業家部など9つの部）が組織の中核である。また，パンチャシラ青年団の後見をする諮問会議や名誉委員会も存在している（Pemuda Pancasila 2019）。

　パンチャシラ青年団には構成員情報がないことは問題であり続けていた（Ryter 2009：188）。2000年代に入って，ようやく，その課題に取り組み始めた。2005年には，中央執行部の決定として，発足当初から関係の深いFKPPI，PPM以外の社会組織への加入を禁止した。2010年代半ばには，本格的な構成員情報の整備をはじめ，会員証の発行にあたっては本部の推薦を義務付けた。さらには，会員登録をオンラインにしてその番号を政府

発行の住民登録証の番号とリンクさせることで，年齢，住所，職種などの会員の個人情報を把握できるようにしているという。ヤプト総裁やバンバン・スサスティヨ副総裁は500万人の構成員がいると豪語しているが，2020年時点では，アリフ・ラフマン事務局長によると，こうして登録された会員数は280万人となっている。[10] 各地で会員数を増やす努力が続けられており，それは，パンチャシラ青年団の政治的影響力を数で誇示するという目的とリンクしている。さらに，構成員の多様化も図っている。例えば，ジャカルタ州支部のオンラインデータベースに詳細な個人情報登録済みの構成員は約2.2万人おり，そのうちの半数が低所得者層の大衆である一方，残りの構成員は実業家や知識人からなる。[11] 州内の地域別構成員数データなども整備しており，印象論ではなくデータで自組織の特徴を把握し始めている。

（4） パンチャシラ青年団の政治的隆盛

パンチャシラ青年団は，2019年の大統領選挙では選挙前から優勢であった現職のジョコウィとマアルフ・アミンのペアをなかば公式に支持した。ヤプト自身は，大統領選に出馬したスハルトの元娘婿プラボウォとはスハルト時代から関係が深かったものの支持表明を出さなかった。その理由は，勝ち馬に乗ることを重視したからであり，プラボウォを支えるイスラーム保守派の勢力拡大を抑えたかったからであろう。ジョコウィからすれば，彼が信頼していたアホックの州知事選落選と投獄が象徴するように，イスラーム急進派が勢いづけば，仮に当選しても政権運営が困難になる懸念があった。そこで積極的にパンチャシラ青年団との連携を目論んだところがある。そもそも，ソロ市長時代からジョコウィはヤプト宅を訪問している知己の間柄であった。2019年3月，ジョコウィは，パンチャシラ青年団がボランティアとしてジョコウィ支援を表明する会議に出席した。その場で，ジョコウィは，ヤプトが39年間，パンチャシラ青年団総裁を続けてきた業績を評価した。また，「パンチャシラをあえて変更しようとするものがい

たら，それが誰であれ，パンチャシラ青年団と対峙することになる」とまで述べて，パンチャシラ青年団を持ち上げた（Tirto. co. id 2019/3/9）。

　ジョコウィは内閣布陣に当たり，パンチャシラ青年団にはスポーツ担当大臣ポストを与えた。さらに，憲法上の規定に則って大統領，副大統領の罷免権限がある国民協議会議長，地方の要望を中央政府に伝える上院的役割を持つ地方代表議会議長，副議長もパンチャシラ青年団幹部が握った。パンチャシラ青年団にすれば，ジョコウィ政権第二期は，歴史上，もっとも政治参加に成功した政権となった。

　大統領選後の2019年10月，ジョコウィ大統領はパンチャシラ青年団全国大会の開会式，マアルフ・アミン副大統領は閉会式に出席しただけでなく，二人ともパンチャシラ青年団の特別会員となった。開会式では，ジョコウィは選挙が無事に終わったことについて，全国にいるパンチャシラ青年団の幹部たちにお礼を述べ，パンチャシラ青年団が今後もパンチャシラを護持していくことへの期待を表明した。一方，同じ大会において，パンチャシラ青年団副総裁で国民協議会議長となったバンバン・スサストゥヨは，次のように述べた。ここで言うプレマンとは，インドネシア語で言うヤクザ，不良のことである。

　　パンチャシラ青年団は，もう普通のプレマンの組織ではない。もう腕力，山刀を使ったり，入れ墨をしたり，濃い口ひげを蓄えたりしない。我々は縄張りを支配するのに，もっと頭脳，考え，知識，知性を使う。
　　……
　　民族主権，インドネシア共和国，そしてパンチャシラを侵害するものがいれば，我々はプレマンにもどって，誰であれ荒っぽくなる。……国家元首にして政権トップである大統領ジョコウィを妨害するものがいても同じである。パンチャシラ青年団は，人々が苦しい思いをするため，政権転覆を図る試みは許さない。　　　　　　（Tempo. co 2019/10/27）

普通のプレマンの組織ではないというバンバンの発言を鵜呑みにすることはできない。パンチャシラ青年団が暴力や恐喝を政治リソースとしない，その意味で，インフォーマル性よりもノーマル性を強めた社会組織に変貌していくとは思えない。そもそも，パンチャシラ青年団の強みは，無職者，非正規労働者，更には不良や前科者など，インフォーマル・セクターに多いアクター，新自由主義時代に多いプリケアリアスな人たちを抱え込み，マスとして動員できることであり，場合によっては，デモやスト潰し，暴力や恐喝の実行者にすることができることである。また，こうした一般構成員を従えているからこそ，幹部たちは各界の有力者にのし上がってきたところがある。従って，今後も軍や警察との関係を維持しながら，暴力性を保持し続けるであろう。

4　民主主義を揺るがす非国家的暴力アクターの政治参加？

本稿は，国家と非国家的暴力アクターとの関係を類型化した後，非合法活動を行いながらも国家が組織として許容するような（第4象限の）アクターに着目しながら，60年代以降のインドネシアの国家と非国家的暴力アクターの関係を見てきた。インドネシアにおいては，本稿が中心的に取り上げたパンチャシラ青年団のように構成員が暴力と恐喝を重要な政治リソースとしており，非合法ビジネスに関与していたとしても国家が許容している非国家的暴力アクターは多く存在してきた。権威主義体制期には，パンチャシラ青年団のように民族主義を打ち出して体制の望む秩序維持の重要な一端を担ってきた。民主化が始まると，政治社会的不安定の広がりと公的暴力装置への不信感から，民族主義よりも宗教やエスニシティといったアイデンティティを基盤とした非国家的暴力アクターの台頭が各地で目立った。民主化後のインドネシア国家は，こうしたアクターの一部を無力化・弱体化させつつも，権威主義体制期以上にこうしたアクターへの許容度を高めた。

パンチャシラ青年団は，いったんは構成員数を半減させたものの，非正規労働者，不良や前科者といったヤクザものを末端で積極的に取り込みつつ，すでに構築していた軍や警察との関係を保ち，組織整備も進めていくことで影響力の回復に努めた。政治的には，幹部たちがゴルカル党を中心に複数の政党から議員となったり，首長選で勝利して地方首長となったりした。しかも，保守的なイスラームが影響力を増していくなかで，2014年に発足したジョコウィ政権は国家原理のパンチャシラを強調し始め権威主義化さえしていった。そうすると，パンチャシラ青年団はナショナリズムの守護者という建前を全面に振りかざし，現政権とのイデオロギー的共鳴を武器とすることに成功して，同組織の歴史上もっとも顕著な政治参加を果たした。このことは，国家と非国家的暴力アクターの関係からすれば，国家が非合法性をはらんだ図1の第4象限のアクターを極めて積極的に取り込んだ形で政治的安定を目指していることになる。

　このように第4象限に入るアクターがフォーマルな政治に参加していき，政治権力を獲得していくと，暴力，恐喝，非合法ビジネスといったインフォーマルに許容されていたはずの行為への許容度も高まる可能性がある。そうなれば，法の支配のさらなる形骸化が進み，内戦状態にあるわけでもない民主主義国家においても，暴力が政治リソースとしてもっとも重要になっていくであろう。第4象限に入るアクターは大半の国家に存在することからすると，こうした平和裡の暴力化のロジックは民主化したインドネシアに限った話ではなく，どの国家にも起きうることである。そして，格差が広がり非正規労働者層が増えれば増えるほど，こうしたアクターの傘下に入る構成員も増える可能性があり，民主主義体制を内側から溶解させていくかもしれない。

注

1）　マレーシアにおけるギャングの研究は，わずかに不十分な内容のLemièreによる研究が存在するだけである（2014；2019）。

2） ヌル・ジャズラン（Nur Jazlan）内務副大臣とのインタビューより（2016年10月26日実施）。

3） オランダ植民地時代については，例えば，（Omg Hok Ham 1984；Rush 1990；Schulte Nordholt 1991），独立戦争期については，例えば（Anderson 1972；Cribb 1991；Stoler 1988；Williams 1990），スハルト体制期については，例えば，（Barker 1999；2001；Ryter 1998；Wilson 2002；岡本 2015：73-99），スハルト体制崩壊後から民主化時代については，例えば，（Andri Rosadi 2008；Beittinger-Lee 2009；Brown and Wilson 2007；Okamoto and Abdur Rozaki eds. 2006；Facal 2020；Hadiz 2003 and 2010；Jacobsen 2002；Kristiansen 2003；MacDougall 2007；Ryter 2009；2012；2014；Sidel 2006；Suryawan 2006；Syarif Hidayat 2007 and 2009；Okamoto and Abdul Hamid 2008；Togi ed. 2000；Wilson 2006 and 2015）。

4） アリ・ムルトポについては不明なことが多いが，インドネシア語で彼についての著書も出始めている（CSIS 2004；Aref 2011）。

5） ヨリス・ラウェヤイ（パンチャシラ青年団幹部）とのZoomでのインタビュー，2020年11月6日。

6） パンチャシラ青年団西ジャワ支部長とのインタビュー，1999年12月2日。

7） ヤプト・センター発足式でのヤプト・スルヨスマルノ（パンチャシラ青年団総裁）の講演，2008年8月20日。

8） 政党別内訳は，国会ではゴルカル党10名，国民民主党6名，グリンドラ党4名，民主主義者党2名，闘争民主党1名，国民信託党1名，開発統一党1名である。ジャカルタ州議会では，国民民主党5名，グリンドラ党4名，ゴルカル党3名，闘争民主党1名である。

9） バショリ氏によるアリフ・ラフマン事務局長とのインタビュー書き起こし，2020年10月16日。タリク・マフムド氏（パンチャシラ青年団・ジャカルタ支部長）とのZoomインタビュー，2020年12月10日。

10） バショリ氏によるアリフ・ラフマン事務局長とのインタビュー書き起こし，2020年10月16日。

11） タリク・マフムド氏（パンチャシラ青年団・ジャカルタ支部長）とのZoomインタビュー，2020年12月10日。

参考文献

オンライン・ニュース

Kumparan.com

  2019/12/6：Pemuda Pancasila：Kami Itu Free Man, Bukan Preman.

  (https://kumparan. com/kumparannews/pemuda-pancasila-kami-itu-free-man-bu
    kan-preman-1sONfmbfNnW)

Kontan（kontan.co.id）

  2020/6/29：Serangkaian Aksi Sosial Badan Pengusaha Pemuda Pancasila DKI
    Menekan Efek Corona.

  (https://nasional. kontan. co. id/news/serangkaian-aksi-sosial-badan-pengusaha-pe
    muda-pancasila-dki-menekan-efek-corona)

Matamata Politik（matamatapolitik.com）

  2020/10/12：Polri Gandeng Preman untuk Berantas COVID-19, Ini Bahayanya.

  (https://www. matamatapolitik. com/polri-gandeng-preman-untuk-berantas-covid-
    19-ini-bahayanya-analisis/)

Sundaily（https://www.thesundaily.my）

  2013/8/29：Names of 49 Illegal Gangs Revealed.

Tempo.co（tempo.co）

  2003/8/9：Kecewa pada Golkar, Pemuda Pancasila Bikin Partai.

  (https://nasional.tempo.co/read/9203/kecewa-pada-golkar-pemuda-pancasila-bikin-
    partai)

  2013/3/17：Alumni Pemuda Pancasila Jadi Menteri dan Politikus.

  (https://metro.tempo.co/read/467526/alumni-pemuda-pancasila-jadi-menteri-dan-
    politikus/full&view=ok)

  2019/10/27：Pemuda Pancasila Akan Buas Jika Ada yang Ganggu Jokowi.

  (https://nasional. tempo. co/read/1264918/bamsoet-pemuda-pancasila-akan-buas-
    jika-ada-yang-ganggu-jokowi/full&view=ok)

Tirto.co.id

  2019/3/5：Sejarah Lobi Elite Pemuda Pancasila dari Era Sukarno ke Jokowi.

  (https://tirto.id/sejarah-lobi-elite-pemuda-pancasila-dari-era-sukarno-ke-jokowi-diug)

  2019/3/9：Jokowi：Yang Berani Ganti Pancasila, Berhadapan dengan PP.

  (https://tirto.id/jokowi-yang-berani-ganti-pancasila-berhadapan-dengan-pp-dihf)

著書・論文

Alfitra Salamm and Emilia B. Musin（1999）Politik Lokal dan Pemilu 1997 di Yogyakarta In Syamsuddin Haris（ed.）*Kecurangan dan Perlawanan Rakyat dalam Pemilu 1997.* Jakarta：Yayasan Obor Indonesia and PPW-LIPI. pp. 89-111.

Anderson, Benedict R. O'G.（1972）. *Java in a Time of Revolution : Occupation and Resistance, 1944-1946*. Ithaca and London：Cornell University Press.

Andri Rosadi（2008）*Hitam Putih FPI （Front Pembela Islam） : Mengungkap Rahasia-rahasia Mencengangkan Ormas Keagamaan Paling Kontroversial.* Jakarta：Nun Publisher.

Aref Rahmat, M.（2011）*Ali Moertopo dan Dunia Intelijen Indonesia.* Yogyakarta：Narasi.

Barker, Joshua（1999）Surveillance and Territoriality in Bandung. In Vincent Rafael （ed.）*Figures of Criminality in Indonesia, the Philippines, and Colonial Vietnam*. Itaca：Cornell SEAsia Program. pp.95-127.

Barker, Joshua（2001）State of Fear：Controlling the Criminal Contagion in Suharto's New Order. In Benedict Anderson（ed.）*Violence and the State in Suharto's Indonesia*. Ithaca：Southeast Asia Program. pp.20-53.

Beittinger-Lee, Verena（2009）*（Un）Civil Society and Political Change in Indonesia : A Contested Area*. London and New York：Routledge.

Blok, Anton（1974）*The Mafia of a Sicilian Village, 1860-1960 : a Study of Violent Peasant Entrepreneurs*. Oxford：Basil Blackwell.

Bourchier, David（1990）Crime, Law and State Authority in Indonesia. In Arief Budiman（ed.）*State and Civil Society in Indonesia*, 177-212. Clayton：Centre of Southeast Asian Studies, Monash University.

Brown, David and Wilson, Ian Douglas（2007）Ethnicized Violence in Indonesia：Where Criminals and Fanatics Meet. *Nationalism and Ethnic Politics* 13：3. 367-403.

Buchanan, John（2016）*Militias in Myanmar*. Washington DC.：The Asia Foundation.

van Bruinessen, Martin（ed.）（2013）*Contemporary Developments in Indonesian Islam : Explaining the "Conservative Turn"*. Singapore：ISEAS.

Center for Strategic and International Studies（CSIS）（2004）*Ali Moertopo,*

1924-1984. Jakarta : CSIS.

Cribb, Robert（1991）*Gangsters and Revolutionaries : The Jakarta People's Militia and the Indonesian Revolution 1945-1949.* North Sydney : Allen & Unwin.

Didik W. Yudowidoko（2011）*Jejak Sang Pemburu : Sebuah Fragmen Kehidupan Mas Yapto.* Jakarta : DAP Jakarta.

Facal, Gabriel（2020）Islamic Defenders Front Militia（Front Pembela Islam）and Its Impact on Growing Religious Intolerance in Indonesia. *TRaNS.* 8. pp.7-20.

Gambetta, Diego（1993）*The Sicilian Mafia : the Business of Private Protection.* Cambridge and London : Harvard University Press.

Hadiz, Vedi R.（2003）Power and Politics in North Sumatra : The Uncompleted Reformasi. In Edward Aspinall and Greg Fealy（eds.）*Local Power and Politics in Indonesia : Decentralization & Democratisation.* Singapore : Institute of Southeast Asian Studies. 119-131.

Hadiz, Vedi R.（2010）*Localising Power in Post-Authoritarian Indonesia : A Southeast Asia Perspective.* Stanford : Stanford University Press.

Hazen, Jennifer M. and Rodgers, Dennis（eds.）（2014）*Global Gangs : Street Violence across the World.* Minneapolis and London : University of Minnesota Press.

Hill, Peter B.E.（2003）*The Japanese Mafia : Yakuza, Law, and the State.* Oxford : Oxford University Press.

Hobsbawm, Eric（1969）*Bandits.* New York : Delacorte Press.

今村祥子（2019）「統治と謀略──インドネシア・スハルト体制における「謎」の銃殺事件」『アジア研究』第65巻第3号，20-36頁。

猪瀬直樹（2016）『民警』扶桑社。

IPAC（Institute for Policy Analysis of Conflict）（2018）*After Ahok : The Islamist Agenda in Indonesia.* IPAC Report No.44.

Jacobsen, Michael（2002）To Be or What to Be – That is the Question' On Factionalism and Secessionism in North Sulawesi Province, Indonesia. *Southeast Asia Research Center Working Paper Series No. 29*（Hongkong : City University of Hongkong）. 1-30.

Janssen, Hilde（2016）*Tanah Air Baru, Indonesia.* Jakarta : Gramedia Pustaka Utama.

Kristiansen, Stein（2003）Violent Youth Groups in Indonesia : the Cases of Yogyakarta and Nusa Tenggara Barat. *Soujourn.* Vol.18. No. 1. pp.110-138.

Lemière, Sophie（2014）Gangsta and Politics in Malaysia. In Sophie Lemière（ed.）*Misplaced Democracy : Malaysian Politics and People.* Petaling Jaya, Selangor, Malaysia : Strategic Information and Research Development Centre Malaysia. pp. 91-108.

Lemière, Sophie（2019）Malaysia : Gangster Boogie, Bosses and Politics. In Felia Allum and Stan Gilmour（eds.）*Handbook of Organized Crime and Politics.* Cheltenham : Edward Elger Publishing. pp. 405-417.

MacDougall, John（2007）Criminality and the Political Economy of Security in Lombok. In Henk Schulte Nordholt and Gerry van Klinken（eds.）*Renegotiating Boundaries : Local Politics in Post-Suharto Indonesia.* Leiden : KITLV Press. 281-303.

Muryanto Amin（2013）Kekuasaan dan Politik Lokal : Studi tentang Peran Pemuda Pancasila dalam Mendukung Syamsul Arifin dan Gatot Pudjonugroho sebagai Calon Gubernur dan Wakil Gubernur Provinsi Sumatera Utara Periode 2008-2013. Disertasi. Universitas Indonesia.

Nina Karina（2008）Dinamika Politik Organisasi Pemuda Pancasila Sumatera Utara. Tesis. Universitas Sumatera Utara.

North, Douglass C., Wallis, John Joseph and Weingast, Barry R.（2013）*Violence and Social Orders : A Conceptual Framework for Interpreting Recorded Human History*（Paperback Edition）. Cambridge : Cambridge University Press.

Okamoto Masaaki and Abdur Rozaki（eds.）（2006）*Kelompok Kekerasan dan Bos Lokal di Indonesia Era Reformasi.* Yogyakarta : IRE Press.

Okamoto Masaaki and Abdul Hamid（2008）Jawara in Power, 1998-2007. *Indonesia* 86. pp.109-138.

岡本正明（2015）『暴力と適応の政治学——インドネシア民主化と地方政治の安定』京都大学学術出版会。

岡本正明（2017）「インドネシアにおける暴力をめぐる公私のポリティクス」村上勇介・帯谷知可編『多元多層の共存空間——「環太平洋パラダイム」の可能性』京都大学学術出版会，195-220頁。

Ong Hok Ham（1984）The Jago in Colonial Java : An Ambivalent Champion of the People. In A. Turton & S. Tanabe（eds.）*History and Peasant Consciousness in*

South East Asia. Senri Ethnological Studies Vol. 13. Osaka : National Museum of Ethnology.

Pemuda Pamcasila (2019) *Hasil Keputusan Musyawarah Besar X Organisasi Kemasyarakatan Pemuca Pancasila : Anggaran Dasar Ormas Pemuda Pancasila.* Jakarta : MPN Pemuda Pancasila.

Power, Thomas P. (2018) Jokowi's Authoritarian Turn and Indonesia's Democratic Decline. *Bulletin of Indonesian Economic Studies* 53 (3). 307-338. DOI : 10.1080/00074918.2018.1549918.

Puangthong Pawakapan (2020) *Infiltrating Society : The Thai Military's Internal Security Affairs.* Singapore : ISEAS.

Rodgers, Dennis (2004) *Old Wine in New Bottles or New Wine in Old? : Conceptualizing Violence and Governmentality in Contemporary Latin America.* Crisis States Discussion Papers. London : Development Research Centre, DESTIN, LSE.

Rodgers, Dennis (2006) The State as a Gang : Conceptualizing the Governmentality of Violence in Contemporary Nicaragua. *Critique of Anthropology* Vol. 26 (3). 315-330.

Rush, James R. (1990) *Opium to Java : Revenue Farming and Chinese Enterprise in Colonial Indonesia, 1860-1910.* Ithaca and London : Cornell University Press.

Ryter, Loren (1998) Pemuda Pancasila : The Last Loyalist Free Man of Suharto's Order. *Indonesia* 66. 45-73.

Ryter, Loren (2009) Their Moment in the Sun : the New Indonesian Parliamentarians from the Old OKP. In Gerry van Klinken and Joshua Barker (eds.) *State of Authority : the State in Society in Indonesia.* Ithaca : Cornell University Press. pp.181-218.

Ryter, Loren (2012) Privateers, Politicians, Prowess and Power. In Liana Chua, Joanna Cook, Nicholas Long and Lee Wilson (eds.) *Southeast Asian Perspectives on Power.* London and New York : Routledge. pp.107-118.

Ryter, Loren (2014) Youth Gangs and Otherwise in Indonesia. In Jennifer M. Hazen and Dennis Rodgrs (eds.) *Global Gangs : Street Violence across the World.* Minneapolis and London : University of Minnesota Press. pp.140-170.

Schulte Nordholt, Henk (1991) The Jago in the Shadow : Crime and 'Order' in the Colonial State in Java (translated by Ernst van Lennep), *RIMA* Vol. 25/1

（Winter）. pp. 74-92.

Sidel, John（2006）*Riots, Pogroms, Jihad : Religious Violence in Indonesia*. Ithaca and London：Cornell University.

Siniawer, Eiko Maruko（2008）*Ruffians, Yakuza, Nationalists : The Violent Politics of Modern Japan, 1860-1960*. Ithaca：Cornell University Press（エイコ・マルコ・シナワ（2020）『悪党・ヤクザ・ナショナリスト――近代日本の暴力政治』（藤田美菜子訳）朝日新聞社）.

Stoler, Ann Laura（1988）Working the Revolution：Plantation Laborers and the People's Militia in North Sumatra. *The Journal of Asian Studies*. Vol.47. No.2. pp.227-247.

Suryawan, I Ngurah（2006）*Bali : Narasi dalam Kuasa : Politik & Kekerasan di Bali*. Yogyakarta：Ombak.

Syahrul Indra, Teuku Abdullah, Zainal Abidin（2017）Perkembangan Organisasi Pemuda Pancasila di Banda Aceh Tahun 1984-2016. *Jurnal Ilmiah Mahasiswa (JIM). Pneidikan Sejarah FIKIP Unsyiah*. Vol.2. Nomor 3. 93-104.

Syarif Hidayat（2007）'Shadow State'?：Business and Politics in the Province of Banten. In Henk Schulte Nordholt and Gerry van Klinken（eds.）*Renegotiating Boundaries : Local Politics in Post-Suharto Indonesia*. Leiden：KITLV Press. pp.203-224.

Syarif Hidayat（2009）Pilkada, Money Politics and the Dangers of "Informal Governance" Practices. In Erb, Maribeth and Sulistiyanto, Priyambudi（eds.）*Deepening Democracy in Indonesia? Direct Elections for Local Leaders (Pilkada)*. Singapore：ISEAS. pp.125-146.

Togi Simanjuntak（ed.）（2000）*Premanisme Politik*. Jakarta：ISAI.

Varese, Federico（2001）*The Russian Mafia : Private Protection in a New Market Economy*. Oxford：Oxford University Press.

Volkov, Vadim（2002）*Violent Entreprenurs : the Use of Force in the Making of Russian Capitalism*. Ithaca and London：Cornell University Press.

ウェーバー，マックス（1980）『職業としての政治家』（脇圭平訳）岩波文庫。

Williams, Michael C.（1990）*Communism, Religion, and Revolt in Banten*. Ohio：Ohio University Center for International Studies.

Wilson, Ian Douglas（2002）The Politics of Inner Power：The Practice of Pencak Silat in West Java（Ph. D. Dissertation, Murdoch University）.

Wilson, Ian Douglas (2006) Continuity and Change : the Changing Contours of Organized Violence in Post-New Order Indonesia. *Critical Asian Studies* 38 : 2. 265-297

Wilson, Ian Douglas (2015) *The Politics of Protection Rackets in Post-Newer Order Indonesia : Coercive Capital, Authority and Street Politics.* London and New York : Routledge.

（おかもと・まさあき：京都大学）

反乱軍による公共サービスの提供とナショナル・アイデンティティ
——内戦後社会の市民意識に対する国家横断的アプローチ——*

窪田悠一［日本大学］

1 内戦後社会におけるナショナル・アイデンティティ

　内戦後社会では，しばしば，人々のアイデンティティが断片化されているという特徴がみられる。紛争に起因する政治プロセスの中で，アイデンティティが揺らぎ，社会集団間の違いが顕在化することによって，そうした境界が再生産され強化されていくことになる。戦時中に意識されるようになった場合，そのような市民アイデンティティは，長期にわたって持続する傾向がある（Simonsen 2005；Wood 2008）。本稿の目的は，内戦における市民のナショナル・アイデンティティの形成を，民軍関係に焦点を当てて検討することにある。特に政治アクターによる公共サービスの提供に注目し，それが市民の政治意識に及ぼす影響を考察する。

　戦時中のサービス提供の第一義的な目的は，その地域の住民が公共サービスを利用できるようにすることである（Böhnke and Zürcher 2013）。ただし，公共サービスの提供は，サービスへのアクセスにとどまらず，受給者の価値観，規範，そして行動に対する広範な影響を及ぼす。例えば，政府主導のサービスは，反乱軍の暴力を減らし（Berman, Shapiro, and Felter 2011），政府への支援を拡大し（Beath, Christia, and Enikolopov 2013；Lyall, Zhou, and Imai 2020），市民の協力の度合い（Berman 2009, Berman and Laitin 2008）やナショナル・アイデンティティに影響を及ぼす（Kubota and Tanaka（Sakabe）2020）ことがわかっている。

他方，サービス提供を通じて民衆の支持を得ることが必要とされる紛争においては，反乱軍組織も積極的なサービス提供者となることがある（Mampilly 2011）。そこで本稿では，反乱軍によるサービス提供に焦点を当てることで，なぜ，またどのようにして，内戦中のサービス提供に関する市民の認識が戦後のナショナル・アイデンティティに影響を及ぼしているのかという点について検討する。戦時中のサービス提供が多種多様な影響を持っているということを考慮すると，反乱軍によるサービス提供も市民の自己認識に影響を及ぼしているはずである。

反乱軍のサービス提供に関する認識と戦後のナショナル・アイデンティティとの関係性を検討するため，本稿では民族・部族性を土台にガバナンスを行う武装勢力と既存の国家勢力との間で争われる内戦に焦点を当てる。ここでは特に，スリランカの北・東部地域，インドネシアのアチェ，パキスタンの旧連邦直轄部族地域（Federally Administered Tribal Areas，FATA）という3つの事例から収集した独自の質問票調査データの分析を通じてこの問題に迫ることを意図している。分析の結果，反乱軍によるサービスの有無に関する認識は，国民としての自己認識の低下，また反対に民族・部族アイデンティティの強化と関連があることが明らかとなった。

本稿の貢献は次の三点である。第一に，本稿ではサービス提供に焦点を当てることにより，反乱軍による戦時中のガバナンスに関して考察を行う。内戦研究では近年，反乱軍のガバナンスに関する論考が増加してきており，地域住民に対する支配のメカニズムについての具体的な事例を提示する研究が充実してきている。こうした研究では，サービス提供はそうした戦時中のガバナンスにおいて重要なものであるとみなされている。しかし，反乱軍によるサービス提供の影響を検討している実証的な試みはほとんどないのが現状である。本稿では，個人レベルのデータを使用して，反乱軍によるサービス提供が市民の生活に及ぼす影響を検討する。

第二に，本稿ではとりわけ，反乱軍によるサービス提供の未だ検証されていない側面，すなわち市民の価値観や規範に及ぼす心理的な影響に焦点

を当てる。紛争を経験した社会では，戦時中の荒廃の結果，人々のアイデンティティの多様化が進むことがある。一方，国民の統合は，内戦後の国家にとって再建と開発に向けた優先事項の一つである。そこで本研究では，戦時中の反乱軍によるサービス提供と戦後の市民のナショナル・アイデンティティとの関連性を実証的に検討し，戦時中のアイデンティティ形成のメカニズムに関する新たな知見を提供することを試みる。

　第三に，国家横断的アプローチによる調査データの分析によって，当該テーマに関するより一般的な知見が得られると思われる。比較可能なデータの入手可能性の難しさから，関連する実証的研究はほとんど常に単一の事例研究にとどまっている。こうした研究は，戦時中の民軍関係に関する豊富な証拠に基づいた知見を提供している。しかしながら，それが他の事例に当てはまるかどうか，またどの程度当てはまるかどうか，ということがあまり明白ではないため，その事例固有の知見とみなさざるを得ないことがある。本稿では，複数の事例において同じ質問を行った比較調査データを使用することで，この問題に対処する。一方で，本稿の分析結果が示すのは内戦下における公共サービスの提供についての市民の認識・記憶と戦後のナショナル・アイデンティティとの間の相関関係であり，これを厳密な因果関係として解釈するには証拠が不足していることを付言しておく。

2　内戦下の暴力，サービス提供，市民アイデンティティ

　内戦後社会に関する先行研究では，暴力についての個人的な経験が彼らの規範や価値観を説明する重要な要因であるという考えから，戦時中の暴力と戦後のアイデンティティとの関連性を関心の中心に据える傾向がある（例えば，Azar 1991；Ringdal, Simkus, and Listhaug 2007；Steflja 2010；Strabac and Ringdal 2008；Whitt and Wilson 2007）。ここでは，市民の戦時中の経験は民族アイデンティティに影響を及ぼし（Rohner, Thoenig, and Zilibotti 2013；Wood 2008），内戦の過程で民族的分断が生

じると，その境界で長期的に繰り返し暴力が生じるようになることが指摘されている（Kaufmann 1996；1998）。しかしながら，暴力とアイデンティティの関連性については，一部の実証的研究により異議が唱えられているのも事実である。Bakke et al.（2009）は，ボスニア・ヘルツェゴヴィナ紛争において戦時中の暴力が民族アイデンティティに影響を与えたという証拠を見出すことはできないと主張している。また，民族アイデンティティの可変性，制度といった暴力以外の要因，日和見主義の役割などを強調する研究もある（Bhavnani and Backer 2000；Fearon and Laitin 1996；Kalyvas 2008；Posen 1993）。

　それでは，戦時中のどのような条件が戦後の市民アイデンティティに影響を及ぼすのであろうか。近年の内戦研究では，反乱軍によるガバナンスの構造や変化，そしてその帰結が注目を集めるテーマの一つとなっている（例えば，Arjona 2014；Arjona, Kasfir, and Mampilly 2015；Huang 2016；Idler and Forest 2015；Kalyvas, Shapiro, and Masoud 2008；Mampilly 2011；Schlichte 2009；Stewart 2018）[1]。国家機関が存在しないか，または存在しても弱い地域では，反乱軍が「疑似国家（quasi states）」（Hopkins 2000；Jackson 1990），「国家内国家（states within states）」（Kingston and Spears 2004），あるいは「事実上の国家（de facto state）」（Florea 2014）を樹立することで，国家に代わって市民を政治的に支配する場合がある。とりわけ公共サービスの提供は反乱軍が関与する支援活動であり，反乱軍はそれによって民衆から認知されうる。多くの研究者は，内戦以外の文脈においてサービス提供が受給者の規範や価値観に及ぼす影響については関心を持っているものの（例えば，Arias 2006；Leeds 1996），内戦研究においては公共サービスが提供者の正統性（Grynkewich 2008）や国家的イメージ（Kubota 2017）をいかに形成するかということを考察した一部の例外を除いては，その社会心理学的な影響については十分に議論されていない。

　戦時中のサービス提供と戦後のナショナル・アイデンティティとの関係

を扱っている研究はさらに少ない。「人心掌握（hearts and minds）」理論
によれば，民衆からの支持は公共サービスの提供によって得られる
（Berman et al. 2011；Blaydes 2014；Chou 2012；Fetzer 2014；Lyall,
Blair, and Imai 2013）。しかし，市民が政治アクターを支持しているとい
うことは，彼らの自己認識がそのアクターが属している組織と一致してい
るということとイコールではない（Förster 2013）。すなわち，特定の政
治集団を支持しているが，社会的アイデンティティは共有していない，と
いうことはあり得るのである。具体的に言えば，反乱軍に与するように
なったということは，市民が反乱軍と同じアイデンティティを持つように
なったということを常に意味しているわけではない。例えば，市民は現実
的な理由（つまり，保護してもらえる）から武装勢力を支持しているもの
の，サービスを受け取って危険がなくなったら彼らから距離を置こうと
思っているかもしれないのである（Wintrobe 1990）。

3　反乱軍によるサービス提供とナショナル・アイデンティティ

　アイデンティティとは，個人が特別な誇りを持っている，あるいは変更
不能で必然的結果とみなしている社会的カテゴリーである（Fearon and
Laitin 2000 : 848）。ナショナル・アイデンティティは，特定の国家に属し
ているという人々の感覚を社会的カテゴリーとして示すものであるといえ
よう。こうした文脈のもと，自分たちは特定の特徴を持っていて，特定の
行動パターンに従うことが期待されている，あるいはそうするように義務
付けられていると考えていることになる。

　いくつかの有力な研究では，ナショナル・アイデンティティは社会構築
の産物であると考えられている（Anderson 1983；Deutsch 1953；
Gellner 1983）。そのような観点からみると，不安や恐怖を伴うさまざま
な言説が敵味方の境界線を引こうとしている紛争当事者によって用いられ
ることで，アイデンティティが決定されると考えることができる（Jabri

1996；Kaldor 1999）。国家がナショナリストの大義を主張するのに対し，反乱軍の指導者は，多くの場合，国家に対抗する政治的な力を強化していくために自分たちの民族的特殊性を主張する（Fearon and Laitin 2000：853）[2]。この意味で，内戦における民族的カテゴリーの形成は反乱軍による活動と戦略によって生み出されるものと言えるだろう。

　本稿は主として，アイデンティティを形成する手段としての，反乱軍アクターによる戦時中のサービス提供に焦点を当てる。内戦（後）の文脈では，ナショナル・アイデンティティの形成は，市民が自らを国家の発展プログラムにおける重要なステークホルダーとして認識している場合に可能となる（Böhnke and Zürcher 2013；Kubota and Khan 2019）。公共サービスを受給することで，市民は富の分配のプロセスに組み込まれ，プログラムに携わるようになる。政治アクターにとってみれば，市民は国家の重要な一員なのだということを彼ら自身に確信させる必要がある。そのような構成員としての認識があれば，サービスを提供することで，提供者に対する市民の忠誠心が高まっていく（Idler and Forest 2015：5）。

　国家による公共サービスの提供がない場合，反乱軍が市民にサービスを供給する唯一のアクターとなりうる。しかし，国家によるサービスの欠如がそのまま民族主義の出現につながると考えるのは早計である。国家によるサービスの欠如は，物資の不足と結び付けられるかもしれないし，国家資源の偏った分配とみなすこともできる（Stokke 2006：1031）。国家がサービスを提供できていないという状況は，それよりもまず初めにナショナル・アイデンティティの衰退を引き起こすだろう。しかしながら，反乱軍がサービス提供者としての国家の役割を引き継いでいるような状況では，地域住民は，自分たちも開発と福祉に関する反乱軍による取り組みの一部であると認識する。反乱軍によるサービス提供が「市民性」を産む（Idler and Forest 2015）のだとすれば，反乱軍からサービスを受けた市民は，実質的な関わり合いのない国家に対する自己認識を弱めるだろう。

　民族性が反乱軍と地域住民の間の仲介役として機能している場合，その

反乱軍グループは地域のガバナンスに意欲的で，コミュニティに根差した民族的指導者となる傾向があるため，市民は国家よりも民族性により強い愛着を抱く。民族集団と反乱軍との同一性は，とりわけ，市民が外部からの暴力・非暴力的な攻撃の対象としてひとまとめにされている場合に強くなることがある。例えば，外部からの暴力的な攻撃に対して市民は結束して脅威から自らを守ろうとするため，内戦中の迫害経験は集団内の団結力を強める（Colletta and Cullen 2000 ; Fearon, Humphreys, and Weinstein 2009 ; Gilligan, Pasquale, and Samii 2014 ; Whitt and Wilson 2007）であろうし，また同じ民族出自を持つ反乱軍指導者が外部社会から非難を受けた場合も，犠牲者意識を特徴とする「防衛的ナショナリズム（defensive nationalism）」に発展することもあろう（Steflja 2010）。これらの結果として，市民は民族集団と反乱軍グループとを同一視するようになるかもしれない。民族性が国家に対抗する唯一のアイデンティティとして残っている場合，このような態度は反乱軍が地域から排除された後も存続し得る。ナショナル・アイデンティティと民族アイデンティティは常に互いに排他的であるわけではないが，両者の主張が共存し得ない場合はそうとは限らない。[3] 内戦のプロセスにおいては，アイデンティティの可変性や混在性は，民族的対立が主要争点とみられていくことで小さくなっていく。それゆえ，民族主義を背景に持つ内戦では，反乱軍のサービス提供に対する市民の認識は，紛争後の文脈において，彼らのナショナル・アイデンティティを弱め，代わりに民族アイデンティティを強める可能性を持っているといえよう。

4　リサーチ・デザイン

（1）　データ

国家に対する市民の自己アイデンティティを検証するためには，彼らのさまざまな状況に対する主観的な認識を考慮する必要がある。このため，

本稿の分析では，反乱軍のサービス提供に関する市民の認識を把握することが重要であり，以下の理由から，個々人を対象とした質問票調査のデータを用いることとした。第一に，既存のデータセットでは，単純に，反乱軍のサービス提供に関する個人レベルのデータが手に入らない。反乱軍サービスに関して，集団レベルのアグリゲート・データを構築する試みはいくつかある（例えば，Heger 2010；Wilkenfeld, Asal, and Pate 2011）ものの，集団レベルでサービス提供が観察できるからといって，反乱軍の支配下にある全ての市民がそれを享受できているとは限らない。第二に，より重大な理由として，アグリゲート・データでは，サービス提供がどのように市民に認識されていたかがわからない。反乱軍のサービスに対する市民の認識は，コミュニティや個人間でも異なるが，各人の認知レベルでも異なる。公共サービスの恩恵を受けていたにもかかわらず，そのようなサービスの記憶と反乱軍によるガバナンスとを結びつけられないという人もいるかもしれない（Kubota 2017：202）。したがって，質問票調査から得た個人レベルの主観的データが，反乱軍のサービスに対する市民の認識と彼らのナショナル・アイデンティティとの関係を調査する上で最も適していると考える。

　質問票調査は，スリランカの北・東部地域，インドネシア・アチェ州，パキスタン・旧FATA地域の３つの国・地域で実施した。フィールドワーク期間やサンプルの抽出方法等，調査方法の詳細は補足資料Ⅰに示している。調査はいずれも，内戦が終結もしくは鎮静化した後に行ったことから，戦時中の経験の短期的な影響を捉えられていない可能性がある一方，反乱軍によるサービス提供の記憶が市民アイデンティティに及ぼす長期的な影響を扱うことはできていると思われる（Dyrstad 2012を参照）。

　調査の対象国・地域の選定にあたっては，反乱軍によるガバナンスが当該地域に根付いていたかを考慮した。スリランカの北・東部地域では，タミル・イーラム解放のトラ（Liberation Tigers of Tamil Eelam, LTTE）が事実上の国家機関を設けていた。LTTEの「事実上の国家」組織は，さ

まざまな地域行政機関を設立し，税金の徴収から治安維持，司法，そして経済的な施策に至るまで，ガバナンスの活動範囲を拡大していた（Stokke 2006）[6]。アチェ州の北西部地域では，紛争の進展に伴い，自由アチェ運動（Gerakan Aceh Merdeka，GAM）によるガバナンスが根付いていった。当初，GAMはスマトラ島の北海岸に根を張り，しだいにその支配をアチェ州の多くの地域に拡大した[7]。それらの地域において，GAMは市民生活に介入し，国家のインフラや制度を撤廃するだけでなく，税金の徴収，土地売買に関する司法権の行使，身分証明書の発行，婚姻証明書の提供などを行った（Miller 2009；Schulze 2006）。パキスタンでは，2001年の米国による隣国のアフガニスタンへの軍事介入後，そこからFATA地域に侵入して根付いたタリバン勢力が，地元部族との関係保持を図った。その後，パキスタン・タリバン運動（Tehrik-e-Taliban Pakistan，TTP）が台頭し，公共サービスの提供を通じてその支配をFATA地域に行き渡らせることとなったという背景がある。

　このように，本稿が対象とする3つの事例は，民族・部族主義が根底をなしている。さらに，それぞれの反乱軍組織は特定の地域に領域支配を敷くことを試み，市民に対する公共サービスの提供を通じてこれを進めた。ただし，後述するように，これらの事例における反乱軍サービスの有無には大きなばらつきがみられる。調査データによれば，スリランカやFATA地域では比較的多くの市民が反乱軍による公共サービスの提供があったと認識していた一方で，アチェにおいては同様の機会は限られたものであった。

（2）　変数

　市民のナショナル・アイデンティティの測定に際しては，(1)自身の民族・部族集団，(2)どちらかというと民族・部族集団，(3)同程度，(4)どちらかというと国民，(5)国民，のうちどれが自分自身を最も適切に表現しているか，という質問を用いた（正確な質問文については補遺を参照）。個々

人は多様なアイデンティティを持っており，どのアイデンティティが顕著になるかは文脈に依存する（Brubaker 2009；Fearon and Laitin 2000）一方で，戦時中の経験が民族・部族アイデンティティの違いを顕在化させることがある（Dyrstad 2012；Gurr 2000；Oberschall 2000；Sekulić, Massey, and Hodson 2006；Wood 2008）。本稿が調査対象とした事例ではいずれも，反乱軍が宗教，言語，歴史的遺産，領土自治権等の特徴を共有する正統な社会集団であると主張し，サービス提供は主に彼らの「人民」に対して行われた。このことは，民族・部族的なつながりに対する市民の認識を強めるとともに，国家に対する愛着を弱めたことが考えられる。

　ナショナル・アイデンティティと同様に，反乱軍のサービス提供に関する個人の経験についても回答者の主観に基づく指標を用いる。公共サービスとアイデンティティの関連性を検討するためには，何らかのサービスが反乱軍によって提供されていたと地域住民が認識しているかどうかを知ることが肝要である。それぞれの調査では，コミュニティ内で反乱軍によるサービスの提供があったと認識しているかを，３つの異なる期間に関して質問した。サービスの種類としては，村の建物や宗教的建造物の建設，道路・橋の建設，医療や教育の提供，生活やビジネスの支援などを対象とした。結果として，各期間における反乱軍のサービスに関する個人の経験を11個の項目によって捉えることとなった（補遺）。ただし，反乱軍からのサービス提供を全く認識しなかったという回答がデータに多く含まれていることを考慮し，分析では全期間を通じてサービス提供を受けたと認識しているか否かに関するダミーを用いた。

　市民が受けた反乱軍のサービスの有無は事例ごとにばらつきがあると考えられる。図１は，内戦中に反乱軍が提供したサービスを市民が認識しているかを事例ごとに示したものである。図より，回答者が反乱軍によるサービスを受けたと認識しているかどうかは事例によって異なることがわかる。スリランカおよびFATAでは，反乱軍による何らかのサービス提供を認識している者の割合が半数を超える。しかしながら，アチェの回答

図1　事例ごとの反乱軍によるサービス提供の度数分布

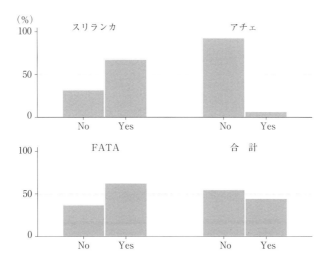

者は戦時中に反乱軍からのサービスを受けなかったと回答した者がほとんどである（93%）。換言すれば，反乱軍によるサービス提供が市民から見て頻繁に起こる出来事ではなかったことを示唆していると言えよう。

　本稿では内戦中の公共サービスの提供に関する個々人の認識が彼らのナショナル・アイデンティティに及ぼす影響を検討することを目的としている。しかしながら，反乱軍によるサービスは戦略的に配分されている可能性があり，各人がそれを等しく受給できたわけではないことが考えられる。つまり，反乱軍は支持基盤を拡大する目的で，自らの影響力が及びづらい者に対して積極的にサービスの提供を行おうとしたかもしれないし，逆に同じ民族的背景を持つ者や協力的な態度を示した市民に対する報酬としてこれを行ったかもしれない。さらに，ここで扱うデータでは，調査時に国民意識の高い（低い）者が反乱軍による戦時のサービス提供を過小（過大）評価して回答を行っている可能性を否定できない。こうした問題の解決には各個人がサービス提供の対象となる確率を補正した分析モデルを導入することなどが有効である。しかしながら，本稿ではこれを今後の課題

とするとともに，先行研究に倣って，サービス提供を説明変数，ナショナル・アイデンティティを被説明変数として扱う。

　戦時中に個人が暴力に曝されるということは，少なくとも２つの点で市民のナショナル・アイデンティティに負の影響を及ぼすことが考えられる。第一に，暴力の被害者は加害者に対して否定的な見方をするようになるため，暴力が国家によるものである場合には，市民の国家への愛着を大きく損なうことになる。そのような戦時中の暴力としては，個人やその家族に身体的および精神的障害を負わせること，生活に悪影響を及ぼすこと，遠く離れた地域へ追いやることなどが挙げられるだろう。国家による暴力に対する否定的感情は，反乱軍の指導者が敵のイメージを入念に作り上げることに成功した場合にはさらに強まることもあろう。第二に，反乱軍による暴力の場合にも，ナショナル・アイデンティティに負の影響を及ぼす可能性がある。反乱軍による暴力を経験した個人は，そのような暴力に曝されたのは国家が市民を守ることができていないのが原因だと考えて，反乱軍だけでなく国家に対しても否定的になるかもしれないからである。一方で，紛争地域の人々すべてが暴力を経験したり目撃したりしているわけではないことを考慮し，本稿では戦時中の暴力に曝された度合いを評価する際に個人レベルの指標を使用する。調査では，自分が紛争の被害者だと思うか，また思う場合はどのような点でそう判断するかについて質問している（正確な質問文と項目については補遺を参照）。暴力被害ダミーを合計して，個人が戦時中の暴力に曝されたレベルを捉える変数を作成した。

　また分析には，個人の民族・部族的属性を制御変数として投入している。これについては，自分自身が特定の民族・部族集団に属していると思うかについて質問をし，その際，民族・部族集団のリストを見せてそこから最も相応しい集団を選んでもらうようにした。この変数は以下の３つの理由で重要である。第一に，反乱軍によるサービスは人々に等しく提供されておらず，むしろ支援者，とりわけ同じ民族・部族の地域住民に集中している可能性があるからである。民族・部族は今回調査したすべての紛争事例

表1　記述統計量

	観察数	平均	標準偏差	最小	最大
ナショナル・アイデンティティ	2,827	2.646	1.215	1.000	5.000
反乱軍リ・ビス	2,842	0.450	0.498	0.000	1.000
暴力被害	2,842	2.807	1.794	0.000	9.000
同民族・部族	2,759	0.720	0.449	0.000	1.000
性別（女性）	2,842	0.341	0.474	0.000	1.000
年齢	2,842	40.426	12.794	17.000	83.000

において重要な構成要素の一つである。同じ民族・部族の市民が反乱軍から公共サービスを受けていない場合であっても，彼らは地域における反乱軍によるガバナンスの役割を過大評価している可能性がある。反乱軍と同じ民族・部族集団の一員であるということは，反乱軍によるサービスへのアクセスや反乱軍の活動に関する記憶に影響を及ぼすと思われる。第二に，民族・部族という属性は，戦後に国家が誰を厚遇するべきかを決定する際の判断基準の1つとして使用される場合にも重要な要素となり得る。戦後の国家は再建や開発のための資源に乏しく，物資を人々に等しく分配できないことが多い。さらに，国家が反乱軍に勝利した場合，そのような国家は反乱軍と同じ民族・部族の市民を好ましく扱おうと思わない可能性もある。第三に，そうした市民のナショナル・アイデンティティは，内戦時の異なる民族・部族との敵対関係に影響を受けている可能性がある。もし敵対勢力が「国民」を代表しているような場合には，調査対象者の中にはそうした勢力に対する嫌悪感からアイデンティティに関する回答を行っている者もいるかもしれない。このように，ナショナル・アイデンティティの現状に影響を及ぼし得る政治的環境は，民族・部族的属性によってある程度捉えることができる。そこで，反乱軍と同じ民族・部族的属性を持つ個人を1，そうでなければ0とコーディングすることでダミーを作成した。スリランカの場合はスリランカ系タミル人，アチェの場合はアチェ人，FATAの場合はワジール部族とした。[8]

　分析には，性別（男性=0，女性=1）や年齢といった回答者の人口統計学的情報に基づく変数が含まれている。表1に各変数の記述統計量を示す。

5 　分　　析

（1）　反乱軍によるサービス提供

　本稿では，ナショナル・アイデンティティの強弱は個々人の戦時中の出来事に関する認識と関連していると考える。このため，人口統計学的な変数を制御変数としてモデルに投入するとともに，市民のナショナル・アイデンティティを，反乱軍のサービス提供に関する個人レベルの認識で回帰した。個人レベルのデータは3つの調査地域（スリランカの北・東部地域，アチェ，FATA）から収集されている。これらの地域の違いを考慮して，分析では事例に関する固定効果を設けた[9]。他方で，この分析結果の解釈にはグループ・レベルのサンプルにかかる制約から注意が必要である。つまり，これら3つの事例はいずれも特定の領域における反乱軍ガバナンスを伴う内戦であったものの，本稿の分析は第一義的にこれらの事例に関するものであり，この範囲を超えて安易に一般化することはできないであろう。

　表2にモデルの推定結果を示す[10]。まずモデル1では，反乱軍によるサービス提供に関する認識のみを説明変数として投入した。結果によると，当該変数は被説明変数に対して統計的に有意な負の関連性を示している。つまり，内戦中に反乱軍が公共サービスの提供を行っていたと認識している者はそうでないものに比べて，戦後の文脈においてナショナル・アイデンティティが弱い傾向にあることが示唆される。これは被説明変数のスケール上では10％以上の減少であり（β =-0.484），一定の影響が見て取れる。

　同様のことは，制御変数を含むモデル2の推定結果からもうかがえる。反乱軍のサービス提供に関する認識は0.1％水準で有意であり，ナショナル・アイデンティティに対して負の相関を示している。制御変数の中で有意な負の結果を示しているのは，*暴力被害*と*同民族・部族*の変数である。戦時中の暴力に曝され，反乱軍と同じ民族集団に属していた個人は国民と

表2　内戦中のサービス提供と戦後のナショナル・アイデンティティ

	1	2	3
反乱軍サービス	-0.484***	-0.466***	-0.475***
	(0.057)	(0.059)	(0.061)
国家サービス			0.093
			(0.114)
暴力被害		-0.047**	-0.048**
		(0.014)	(0.014)
同民族・部族		-0.555**	-0.557**
		(0.172)	(0.172)
性別（女性）		0.032	0.033
		(0.054)	(0.054)
年　齢		-0.001	-0.001
		(0.002)	(0.002)
定　数	2.951***	3.668***	3.588***
	(0.063)	(0.203)	(0.223)
観察数	2,827	2,744	2,744
固定効果	Yes	Yes	Yes
決定係数	0.124	0.136	0.136

注：線形回帰モデルの係数を示す（括弧内は不均一分散頑健標準誤差：有意水準は，
***0.1％，**1％，*5％）。

しての自己認識が弱くなる傾向にあり，これらの属性の影響は，彼らのナ
ショナル・アイデンティティを（民族・部族アイデンティティとの対比の
中で）相対化してしまうほど大きい，ということになる。ここでは，市民
が戦時中に受けた暴力のタイプが一つ増えるたびに，ナショナル・アイデ
ンティティに関する測定値が0.047ポイント減少することを示している。
内戦においては，国家が人権を侵害することがあるだけでなく，（反乱軍
による暴力などの）苦難から市民を守ることができなかったりした場合，
国家は市民からの信用を損なうことになる。民族・部族アイデンティティ
は常にナショナル・アイデンティティと互いに排他的であるわけではなく，
個人が両方のアイデンティティを等しく重要視することもある。しかし，
民族・部族性は，国家組織に対して反乱を起こす土壌がある場合，代替的
なアイデンティティとなる可能性がある。この意味で，反乱軍と同じ基盤
を有する民族・部族アイデンティティは，反ナショナル・アイデンティ
ティを予測する要素となり得る。反乱軍と同じ民族・部族集団に属してい

るという自己認識は，個人が自身を国家の重要なステークホルダーである
と考える可能性を低くするのである。

　モデル３ではモデル２で投入された変数に加えて，国家のサービス提供
に関する認識の変数を加えている。政治権力が特定の空間的領域に複数存
在する場合，それぞれの正統性は必然的に相対化される（Brinkerhoff
2010）。また，正統性をめぐって競合する政治権力間の関係は，地域社会
の規範的秩序を多様にするであろう（Podder 2014b : 1617）。内戦では民
衆の支持を獲得することが重要であるということを考慮すると（Cassidy
2008；Clutterbuck 1966；Galula 1964；Kitson 1977；Leites and Wolf
1970；McMaster 2008；Petraeus 2006；Sepp 2005；Taber 1965；
Thompson 1966；Trinquier 1961），国家アクターは市民との関係を持た
ないようにするのではなく，むしろ戦後のナショナル・アイデンティティ
を植え付けるという意味でも公共サービスの提供を充実するよう努めるで
あろう。国家によるサービスの提供は単独で行われるだけでなく，スリラ
ンカのように，反乱軍によるサービスが国家によるサービスと並行して提
供されることもある（Florea 2014）。いずれにしても，公共サービスの供
給を通じて地域住民の要求を満たすことに成功すれば，市民は国家を正統
であるとみなす可能性が高くなる。反対に，国家によるサービス提供が戦
時中に不十分であったか，そもそも存在しなかったとみなされている場合，
国家の正統性は地域住民によって認められないだろう。市民はしばしば，
彼らとの関係を維持して敵対勢力を人々から引き離したいと考えている国
家アクターと反乱軍アクターの双方からサービスを提供されている。この
意味で，国家によるサービス提供は，それを通じて人々の信用を得ようと
する反乱軍の成果を上回ることができるのであれば，ナショナル・アイデ
ンティティを高めるのに効果的となる。

　国家のサービス提供に関する認識（戦時中に国家から公共サービスの提
供を受けたか）[11]の測定に際しては，反乱軍によるサービス提供の場合と同
様に，３つの異なる期間を通じたサービス提供の認識に関するダミーを用

いた。それによると，当該変数は5％水準でも統計的に有意な結果を示しておらず，国家による戦時サービス提供の認識は戦後のナショナル・アイデンティティに関係があるとは言えない。一方で，反乱軍サービスはモデル1および2と同様に，ナショナル・アイデンティティに対して負の影響を及ぼしている（β =-0.475）。さらに，暴力被害の経験と同民族・部族性の変数も1％水準で有意であり，これらが国民としての意識を弱めることを示唆していると同時に，性別や年齢による違いは認められない。[12]

（2） 治安維持および社会経済サービス提供の影響

　このように，市民は自己の政治社会観において政治アクターによる公共サービスの提供を重要視していることがうかがえる。こうした政治アクターによる戦時統治では支配地域の安定を図るため，治安維持にかかるサービスの提供がしばしば優先される。そのうえで，もし地域の治安が保たれるようであれば，市民の福祉の向上やインフラ整備といった社会経済サービスの提供が試みられる（Mampilly 2011；Péclard and Mechoulan 2015）。後者はよりコストがかかるため，サービス提供者の領域統治に対するコミットメントと能力を市民に示す絶好の機会となることが指摘されている（Podder 2014b）。ただし，こうした社会経済サービスの提供は市民の生活の質を向上させるが，内戦中の暴力や強制力の行使が横行する状況下では個々人の安全の保障がなによりも評価されるのかもしれず（Khan et al. 2021），市民生活の社会経済的な側面は二次的な意味を持つにとどまっている可能性もある。反乱軍および国家による戦時サービス提供と戦後ナショナル・アイデンティティとの関係性に関するメカニズムの一端を捉えるため，上記のようなサービスの種類の違いに注目した追加的な分析を行った（表3）。

　モデル4では，反乱軍の治安維持に関するサービス，およびそれ以外の社会経済サービスの提供の有無に関するダミーを投入した。[13] 治安維持と社会経済サービスに関する変数は少なくとも1％水準で有意であり，被説明

表3 内戦中のタイプ別サービス提供と戦後のナショナル・アイデンティティ

	4	5	6
反乱軍：治安維持サービス	-0.399***	-0.400***	-0.423***
	(0.062)	(0.065)	(0.067)
反乱軍：社会経済サービス	-0.210**	-0.183**	-0.193**
	(0.063)	(0.066)	(0.067)
国家：治安維持サービス			0.050
			(0.049)
国家：社会経済サービス			0.138
			(0.099)
暴力被害		-0.039**	-0.040**
		(0.014)	(0.014)
同民族・部族		-0.536**	-0.538**
		(0.170)	(0.170)
性別（女性）		0.040	0.041
		(0.054)	(0.054)
年　齢		-0.001	-0.000
		(0.002)	(0.002)
定　数	2.972***	3.624***	3.477
	(0.065)	(0.201)	(0.218)
観察数	2,827	2,744	2,744
固定効果	Yes	Yes	Yes
決定係数	0.130	0.141	0.142

注：線形回帰モデルの係数を示す（括弧内は不均一分散頑健標準誤差：有意水準は，
　　***0.1%，**1%，*5%）。

変数に対して共に負の関係性を示している。係数の絶対値では，治安維持のほうが社会経済サービスの変数よりも大きいが，両者の差に関するF検定によると，これらの変数の被説明変数に対する影響には差があるとは言えない（F = 3.16）。モデル5は，モデル4で投入された説明変数に制御変数を加えたものである。反乱軍のサービス提供に関する認識の推定結果はモデル4で示されたものと同様である。つまり，両者の間で被説明変数に対する影響には統計的な差があるとは言えないものの，治安維持や社会経済サービスの提供に関する認識は国民意識の低下に結びついている。また，モデル2および3で示されたのと同じように，暴力被害の経験や同民族・部族性はナショナル・アイデンティティの低下を助長していることがわかる。

ここまで検討した変数に加えて，モデル6は国家の治安維持に関するサービスの提供，およびそれ以外の社会経済サービスの提供に関するダミー[14]を含んでいる。反乱軍サービスの認識に関する変数および制御変数についての分析結果には大きな違いはないものの，国家側からのサービス提供に関する変数はすべて統計的な有意性を示さなかった[15]。また，係数値に関するF検定では，反乱軍側のサービスに関する変数間で5％水準の差があることが示されたが（$F = 4.17$），国家によるサービスでは同様の差があると言うことはできない結果となった。少なくとも当該モデルにおいては，反乱軍の治安維持サービスを受けたと認識している者のほうが社会経済サービスを受けたものよりも強い民族・部族意識を持つ傾向があることが示唆される。

6　市民アイデンティティの統合に向けて

本稿は，戦時中の反乱軍のサービス提供に関する市民の認識が戦後のナショナル・アイデンティティに影響を及ぼしているということを示した。異なる民族や部族性の存在を根底に持つ内戦では，反乱軍によるサービスの提供があったと認識している者は，自らの民族・部族により強いアイデンティティを持つ傾向がある。さらに，反乱軍による地域の治安維持や社会経済サービスの提供に関する認識は，ナショナル・アイデンティティに対して負の影響を示していた。これらが示唆することは，公共サービスの受給のような戦時中の経験を通じて，市民は反乱軍が支配する社会に属しているという感覚を抱くようになるということであろう。そのような状況下では，彼らの中での既存の国家の重要性が相対化することが考えられる。スリランカの北・東部地域，インドネシアのアチェ，パキスタンの旧連邦直轄部族地域という特定の事例に限定されるものの，本稿の分析結果は，戦時中にサービスを受けたという認識が持つこうした心理的影響は紛争後数年が経過しても持続していることも示している。また，市民の暴力被害

の経験や民族・部族的背景なども分析のうえで重要な変数であり，戦後のナショナル・アイデンティティとの関連性が認められた。

　ナショナル・アイデンティティか民族アイデンティティかという二項対立は，社会政治集団内および社会政治集団間の矛盾する利害関係の複雑さを見えにくくしてしまうことがある。例えば，スリランカでは，集団内の対立関係によってシンハラ人においてもタミル人においてもアイデンティティが多様化した。政党間でのイデオロギーの対立や若者による暴動は1970年代および80年代のシンハラ人同士の対立の一例であり，また，LTTEによる，我々が唯一のタミル人の代表であるという主張に対しては離脱派が異議を唱えた（Orjuela 2008：6-7）。とはいえ，反乱軍によるガバナンスは，国家による支配に取って代わるものとして最も有望なものであり，民族的主張と結びついていることも多いことから，サービスとアイデンティティの関連性は本稿の枠組みによって最もよく捉えられていると考える。

　本稿の分析枠組みは，反乱軍によるガバナンスとコミュニティの規範・慣習との間の相互作用を直接的に捉えるものでは必ずしもない。地域の文脈における正統性は，反乱軍がもたらした制度が伝統的な慣習・しきたりや道徳律といった不文律とどの程度整合的であるかにも依存するところがある（Peter 2010）。とりわけ，地域社会が反乱軍と協同してサービス提供の一部に携わっている場合は，彼らもガバナンスにおいて重要な役割を持っているはずである。伝統的なガバナンス形態が，地域住民によって信頼でき，また効率的であると考えられている場合には，こちらの方が反乱軍による支配よりも優れているとみられることもある（Sacks and Larizza 2012）。こうした状況では，反乱軍は地域社会を自分たちのガバナンスに統合しようとするだろう。[16] 結果として，アイデンティティ形成のプロセスは本稿が想定するものより複雑なものとなりうる。このような反乱軍とコミュニティとの関係を考察することは非常に重要であるが，本稿の射程を大きく超える。こうした点については，内戦時の政治アクターに

よる領域統治と戦後の市民意識に関する因果関係の特定とも合わせて今後の課題としたい。

付記

　本稿は，JSPS科研費（課題番号：25885062および15K17000）の研究成果の一部である。田中（坂部）有佳子氏および黒崎卓氏からは本稿で用いた質問票調査データの一部をご提供いただいた。武内進一氏，馬場香織氏，および2名の査読者からは原稿に対して有益なコメント・批判をいただいた。また，北村教行氏には編集作業にご協力いただいた。記して感謝する。

注

1）　Olson（1993）は，「定住盗賊（stationary bandits）」という概念を導入して，国家と反乱軍組織を類比して説明している。この概念は反乱軍によるガバナンスを定義する際に頻繁に参照されている（Péclard and Mechoulan 2015：18）。

2）　Fearon and Laitin（2000）の指摘によれば，このような考え方は，アイデンティティ形成の戦略的選択アプローチに共通するところがある。

3）　例えば，シンハラ・ナショナリズムのイデオロギーは統一国家を主張していたのに対し，タミル・ナショナリズムはスリランカ北・東部の自決権を主張していた（Orjuela 2008：6）。

4）　ただし，レバノンで行われた質問票調査（Harik 1996）などの例外は存在する。

5）　補足資料Ⅰ～Ⅱおよび補遺は次のURLより入手可能である。https://research map.jp/yuichikubota/%E8%B3%87%E6%96%99%E5%85%AC%E9%96%8B

6）　しかし，戦時中のスリランカは二重のガバナンス構造をしており，LTTEが北・東部地方における一部の政府支配地域で実質的権限を持っていた一方で，国家機関・役人もまたLTTEの支配地域で影響力を行使し続けていたということを指摘しておかなければならない。例えば，医療や教育等の分野では，LTTEの支配地域であっても政府によってサービスが提供され，LTTEとの共存がみられた（Stokke 2006）。

7）　GAMは2001年までにアチェ州の約80%の村を支配下に入れた（Miller 2004：342-3；Schulze 2004：35）。

8）　コーディングは，これらの内戦と反乱軍組織についての専門家による研究を参考に行った（例えば，Czaika and Kis-Katos 2009；Sayeed and Shah 2017；Stokke

2006)。

9） これらの事例間では諸条件の相違から説明・被説明変数間の関係が異なる可能性がある。しかしながら，事例ごとの分析の結果はプーリング・データの分析結果と概ね一致している（補足資料II）ため，固定効果を含むモデルを採用した。

10） 各モデルの推定は線形回帰によって行った。被説明変数は順序尺度によって測定された変数であり，これに線形モデルを当てはめることは，誤差に関する前提に抵触し，分析が最良線形不偏推定量（BLUE）とならない可能性がある。しかしながら，近年の研究ではこれは方法的に大きな問題というわけではなく，むしろ分析結果の解釈の容易さから，線形モデルによる推定が望ましいとの指摘もある（例えば，Angrist and Pischke 2008）。さらに，各モデルは事例に関する固定効果を含んでいる。非線形モデルにおける固定効果の使用は付随パラメータ問題（Lancaster 2000；Neyman and Scott 1948）を引き起こす可能性があるため，本稿の分析では線形モデルを用いた。

11） 当該変数の記述統計は次の通り。観察数＝2,842，平均値＝0.961，標準偏差＝0.195，最小値＝0.000，最大値＝1.000。

12） なお，これらのモデルに加えて，反乱軍サービスと国家サービスの間の相互作用を考慮したものを検討したが，分析結果に実質的な違いはなく，交差項も有意性を示さなかった。

13） 当該変数の記述統計は次の通り。治安維持サービス（観察数＝2,842，平均値＝0.328，標準偏差＝0.470，最小値＝0.000，最大値＝1.000），社会経済サービス（観察数＝2,842，平均値＝0.384，標準偏差＝0.486，最小値＝0.000，最大値＝1.000）。

14） 当該変数の記述統計は次の通り。治安維持サービス（観察数＝2,842，平均値＝0.589，標準偏差＝0.492，最小値＝0.000，最大値＝1.000），社会経済サービス（観察数＝2,842，平均値＝0.950，標準偏差＝0.217，最小値＝0.000，最大値＝1.000）。

15） このことは，それぞれの治安維持と社会経済サービスの相互作用を検討したモデルにおいても同様であった（交差項も有意性を示さなかった）。

16） こうした反乱軍と市民の協同は，アフガニスタン，ボスニア，ガーナ，モザンビーク，ナイジェリア，パキスタン，フィリピン，シエラレオネ，ソマリア，ソマリランド，南アフリカ，ウガンダ等，多くの内戦の事例で見られる（Hoehne 2008；LeVan 2013；Podder 2014a；Wiuff 2009）。

参考文献

Anderson, Benedict (1983) *Imagined Communities : Reflections on the Origin and Spread of Nationalism*. London : Verso.

Angrist, Joshua D., and Jörn-Steffen Pischke (2008) *Mostly Harmless Econometrics : An Empiricist's Companion*. Princeton : Princeton University Press.

Arias, Enrique Desmond (2006) "The Dynamics of Criminal Governance : Networks and Social Order in Rio de Janeiro," *Journal of Latin American Studies* 38(2) : 293-325.

Arjona, Ana (2014) "Wartime Institutions : A Research Agenda," *Journal of Conflict Resolution* 58(8) : 1360-1389.

Arjona, Ana, Nelson Kasfir, and Zachariah Mampilly (eds.) (2015) *Rebel Governance in Civil War*. Cambridge : Cambridge University Press.

Azar, Edward (1991) "The Analysis and Management of Protracted Social Conflict," in Vamik Volkan, Joseph Montville, and Demetrios Julius (eds.), *The Psychodynamics of International Relationships Vol. II : Unofficial Diplomacy at Work*. Lexington : Lexington Books, pp.93-120.

Bakke, Kristin M., Xun Cao, John O'Loughlin, and Michael D. Ward (2009) "Social Distance in Bosnia-Herzegovina and the North Caucasus Region of Russia : Inter and Intra-ethnic Attitudes and Identities," *Nations and Nationalism* 15(2) : 227-253.

Beath, Andrew, Fotini Christia, and Ruben Enikolopov (2013) *Winning Hearts and Minds through Development? Evidence from a Field Experiment in Afghanistan*. Washington D. C. : World Bank.

Berman, Eli (2009) *Radical, Religious and Violent : The New Economics of Terrorism*. Cambridge : MIT Press.

Berman, Eli, Michael Callen, Joseph Felter, and Jacob Shapiro (2011) "Do Working Men Rebel? Insurgency and Unemployment in Afghanistan, Iraq, and the Philippines," *Journal of Conflict Resolution* 55(4) : 496-528.

Berman, Eli, and D. Laitin (2008) "Religion, Terrorism and Public Goods : Testing the Club Model," *Journal of Public Economics* 92(10-11) : 1942-1967.

Berman, Eli, Jacob N. Shapiro, and Joseph H. Felter (2011) "Can Hearts and Minds be Bought? The Economics of Counterinsurgency in Iraq," *Journal of Political Economy* 119(4) : 766-819.

Bhavnani, Ravi, and David Backer (2000) "Localized Ethnic Conflict and Genocide : Accounting for Differences in Rwanda and Burundi," *Journal of Conflict Resolution* 44(3) : 283-306.

Blaydes, Lisa (2014) "How does Islamist Local Governance affect the Lives of Women?" *Governance* 27(3) : 489-509.

Böhnke, Jan Rasmus, and Christoph Zürcher (2013) "Aid, Minds and Hearts : The Impact of Aid in Conflict Zones," *Conflict Management and Peace Science* 30 (5) : 411-432.

Brinkerhoff, Derek W. (2010) "Developing Capacity in Fragile States," *Public Administration and Development* 30(1) : 66-78.

Brubaker, Rogers (2009) "Ethnicity, Race and Nationalism," *Annual Review of Sociology* 35(1) : 21-42.

Cassidy, Robert (2008) *Counterinsurgency and the Global War on Terror*. Westport : Praeger.

Chou, Tiffany (2012) "Does Development Assistance Reduce Violence? Evidence from Afghanistan," *The Economics of Peace and Security Journal* 7(2) : 5-13.

Clutterbuck, Richard (1966) *The Long, Long War : Counterinsurgency in Malaya and Vietnam*. New York : Praeger.

Colletta, Nat J., and Michelle L. Cullen (2000) *Violent Conflict and the Transformation of Social Capital : Lessons from Cambodia, Rwanda, Guatemala, and Somalia*. Washington, D.C. : World Bank.

Czaika, Mathias, and Krisztina Kis-Katos (2009) "Civil Conflict and Displacement : Village-Level Determinants of Forced Migration in Aceh," *Journal of Peace Research* 46(3) : 399-418.

Deutsch, Karl W. (1953)*Nationalism and Social Communication : An Inquiry into the Foundations of Nationality*. Cambridge : MIT Press.

Dyrstad, Karin (2012) "After Ethnic Civil War : Ethno-nationalism in the Western Balkans," *Journal of Peace Research* 49(6) : 817-831.

Fearon, James D., Macartan Humphreys, and Jeremy M. Weinstein (2009) "Can Development Aid Contribute to Social Cohesion after Civil War? Evidence from a Field Experiment in Post-Conflict Liberia," *American Economic Review* 99 (2) : 287-291.

Fearon, James D., and David D. Laitin (1996)"Explaining Interethnic Cooperation,"

American Political Science Review 90(4) : 715-735.

Fearon, James D., and David D. Laitin (2000) "Violence and the Social Construction of Ethnic Identity," *International Organization* 54(4) : 845-877.

Fetzer, Thiemo (2014) "Can Workfare Programs Moderate Violence? Evidence from India," Working paper.

Florea, Adrian (2014) "De Facto States in International Politics (1945-2011) : A New Data Set," *International Interactions* 40(5) : 788-811.

Förster, Till (2013) "Insurgent Nationalism : Political Imagination and Rupture in Côte d'Ivoire," *Africa Spectrum* 48(3) : 3-31.

Galula, David (1964) *Counterinsurgency Warfare : Theory and Practice*. New York : Praeger.

Gellner, Ernest (1983) *Nations and Nationalism*. Ithaca : Cornell University Press

Gilligan, Michael J., Benjamin J. Pasquale, and Cyrus Samii (2014) "Civil War and Social Cohesion : Lab-in-the-Field Evidence from Nepal," *American Journal of Political Science* 58(3) : 604-619.

Grynkewich, Alexus G. (2008) "Welfare as Warfare : How Violent Non-State Groups Use Social Services to Attack the State," *Studies in Conflict & Terrorism* 31(4) : 350-370.

Gurr, Ted Robert (2000) *Peoples Versus States : Minorities at Risk in the New Century*. Washington, D.C. : United States Institute of Peace Press.

Harik, Judith P. (1996) "Between the Islam and the System : Sources and Implications of Popular Support for Lebanon's Hizballah," *Journal of Conflict Resolution* 40(1) : 41-67.

Heger, Lindsay (2010) *In the Crosshairs : Explaining Violence against Civilians* (Ph.D. dissertation). San Diego : University of California.

Hoehne, Markus (2008) "Traditional Authorities and Local Government in Southern Sudan," Max Planck Institute for Social Anthropology and World Bank.

Hopkins, A. G. (2000) "Quasi-states, Weak States and the Partition of Africa," *Review of International Studies* 26(2) : 311-320.

Huang, Reyko (2016) *The Wartime Origins of Democratization : Civil War, Rebel Governance, and Political Regimes*. Cambridge : Cambridge University Press.

Idler, Annette, and James J. F. Forest (2015) "Behavioral Patterns among (Violent) Non-State Actors : A Study of Complementary Governance,"

Stability : International Journal of Security & Development 4(1) : 1-19.

Jabri, Vivienne (1996) *Discourse on Violence : Conflict Analysis Reconsidered.* Manchester/New York : Manchester University Press.

Jackson, Robert H. (1990) *Quasi-States : Sovereignty, International Relations and the Third World.* Cambridge : Cambridge University Press.

Kaldor, Mary (1999) *New and Old Wars : Organized Violence in the Global Era.* Stanford : Stanford University Press.

Kalyvas, Stathis N. (2008) "Ethnic Defection in Civil War," *Comparative Political Studies* 41(8) : 1043-1068.

Kalyvas, Stathis N., Ian Shapiro, and Tarek Masoud (2008) "Introduction : Integrating the Study of Order, Conflict, and Violence," in Stathis N. Kalyvas, Ian Shapiro, and Tarek Masoud (eds.), *Order, Conflict and Violence.* Cambridge : Cambridge University Press.

Kaufmann, Chaim (1996) "Possible and Impossible Solutions to Ethnic Civil Wars," *International Security* 20(4) : 136-175.

Kaufmann, Chaim (1998) "When All Else Fails," *International Security* 23(2) : 120-156.

Khan, Hidayat Ullah, Yuichi Kubota, Takashi Kurosaki, Kazuhiro Obayashi, and Hirotaka Ohmura (2021) "Wartime Service Provision and State Legitimacy : Evidence from the Former FATA, Pakistan," Working paper.

Kingston, Paul, and Ian Spears (2004) *States within States : Incipient Political Entities in the Post-Cold War Era.* London : Palgrave Macmillan.

Kitson, Frank (1977) *Bunch of Five.* London : Faber.

Kubota, Yuichi (2017) "Imagined Statehood : Wartime Rebel Governance and Post-war Subnational Identity in Sri Lanka," *World Development* 90 : 199-212.

Kubota, Yuichi, and Hidayat Ullah Khan (2019) "Politicization Effect of Wartime Service Provision on Public Opinion in FATA, Pakistan : Who Favors Democratic Reforms?" *Asian Survey* 59(3) : 521-547.

Kubota, Yuichi, and Yukako Tanaka (Sakabe) (2020) "Promoting National Identity through Wartime Service Provision? Evidence from Aceh, Indonesia," Working paper.

Lancaster, Tony (2000) "The Incidental Parameter Problem Since 1948," *Journal of Econometrics* 95(2) : 391-413.

Leeds, Elizabeth (1996) "Cocaine and Parallel Polities in the Brazilian Urban Periphery : Constraints on Local-Level Democratization," *Latin American Research Review* 31 (3) : 47-83.

Leites, Nathan Constantine, and Charles Wolf (1970) *Rebellion and Authority : An Analytic Essay on Insurgent Conflicts*. Chicago : Markham.

LeVan, Carl A. (2013) "Sectarian Rebellions in Post-Transition Nigeria Compared," *Journal of Intervention and Statebuilding* 7 (3) : 335-352.

Lyall, Jason, Graeme Blair, and Kosuke Imai (2013) "Explaining Support for Combatants during Wartime : A Survey Experiment in Afghanistan," *American Political Science Review* 107 (4) : 679-705.

Lyall, Jason, Yang-Yang Zhou, and Kosuke Imai (2020) "Can Economic Assistance Shape Combatant Support in Wartime? Experimental Evidence from Afghanistan," *American Political Science Review* 114 (1) : 126-143.

Mampilly, Zachariah (2011) *Rebel Rulers : Insurgent Governance and Civilian Life during War*. Ithaca : Cornell University Press.

McMaster, H. R. (2008) "On War : Lessons to Be Learned," *Survival* 50 (1) : 19-30.

Miller, Michelle Ann (2004) "The Nanggroe Aceh Darussalam Law : A Serious Response to Acehnese Separatism?" *Asian Ethnicity* 5 (3) : 333-351.

Miller, Michelle Ann (2009) *Rebellion and Reform in Indonesia : Jakarta's Security and Autonomy Policies in Aceh*. London/New York : Routledge.

Neyman, Jerzy and Elizabeth L. Scott (1948) "Consistent Estimates Based on Partially Consistent Observations," *Econometrica* 16 (1) : 1-32.

Oberschall, Anthony (2000) "The Manipulation of Ethnicity : From Ethnic Cooperation to Violence and War in Yugoslavia," *Ethnic and Racial Studies* 23 (6) : 982-1001.

Orjuela, Camilla (2008) *The Identity Politics of Peacebuilding : Civil Society in War-torn Sri Lanka*. New Delhi.

Péclard, Didier, and Delphine Mechoulan (2015) "Rebel Governance and the Politics of Civil War," Working paper. Swiss Peace Foundation.

Peter, Fabienne (2010) "Political Legitimacy," in Edward N. Zalta (ed.), *Stanford Encyclopedia of Philosophy*. Stanford : Stanford University.

Petraeus, David (2006) "Learning Counterinsurgency : Observations from

Soldiering in Iraq," *Military Review* (January–February) : 45–55.

Podder, Sukanya (2014a) "Mainstreaming the Non-state in Bottom-up Statebuilding : Linkages between Rebel Governance and Post-conflict Legitimacy," *Conflict, Security & Development* 14(2) : 213–243.

Podder, Sukanya (2014b) "State Building and the Non-state : Debating Key Dilemmas," *Third World Quarterly* 35(9) : 1615–1635.

Posen, Barry (1993) "The Security Dilemma and Ethnic Conflict," *Survival* 35(1) : 27–47.

Ringdal, Kristen, Albert Simkus, and Ola Listhaug (2007) "Disaggregating Public Opinion on the Ethnic Conflict in Macedonia," *International Journal of Sociology* 37(3) : 75–95.

Rohner, Dominic, Mathias Thoenig, and Fabrizio Zilibotti (2013) "Seeds of Distrust : Conflict in Uganda," *Journal of Economic Growth* 18(3) : 217–252.

Sacks, Audrey, and Marco Larizza (2012) "Why Quality Matters : Rebuilding Trustworthy Local Government in Post-Conflict Sierra Leone," Washington D. C. : World Bank.

Sayeed, Saad, and Radha Shah (2017) "Displacement, Repatriation and Rehabilitation," Working Paper FG8, Stiftung Wissenschaft und Politik.

Schlichte, Klaus (2009) *In the Shadow of Violence : The Politics of Armed Groups*. Frankfurt/New York : Campus Verlag.

Schulze, Kirsten E. (2004) *The Free Aceh Movement (GAM) : Anatomy of a Separatist Organization*. Policy Studies, vol.2. Washington, D. C. : East-West Center Washington.

Schulze, Kirsten E. (2006) "Insurgency and Counter-Insurgency : Strategy and the Aceh Conflict, October 1976 – May 2004," in Anthony Reid (ed.), *Verandah of Violence : The Background to the Aceh Problem*. Singapore : Singapore University Press, pp. 225–271.

Sekulić, Duško, Garth Massey, and Randy Hodson (2006) "Ethnic Intolerance and Ethnic Conflict in the Dissolution of Yugoslavia," *Ethnic and Racial Studies* 29 (5) : 797–827.

Sepp, Kalev (2005) "Best Practices in Counterinsurgency," *Military Review* (May–June) : 8–12.

Simonsen, Sven Gunner (2005) "Addressing Ethnic Divisions in Post-conflict

Institution Building : Lessons from Recent Cases," *Security Dialogue* 36(3) : 297-318.

Steflja, Izabela (2010) "Identity Crisis in Post-conflict Societies : The ICTY's Role in Defensive Nationalism among the Serbs," *Global Change, Peace & Security* 22(2) : 231-248.

Stewart, Megan A. (2018) "Civil War as State-Making : Strategic Governance in Civil War," *International Organization* 72(1) : 205-226.

Stokke, Kristian (2006) "Building the Tamil Eelam State : Emerging State Institutions and Forms of Governance in LTTE-Controlled Areas in Sri Lanka," *Third World Quarterly* 27(6) : 1021-1040.

Strabac, Zan, and Kristen Ringdal (2008) "Individual and Contextual Influences of War on Ethnic Prejudice in Croatia," *Sociological Quarterly* 49(4) : 769-796.

Taber, Robert (1965) *The War of the Flea : A Study of Guerilla Warfare Theory and Practice*. New York : Lyle Stuart.

Thompson, Robert Grainger Ker (1966) *Defeating Communist Insurgency : The Lessons of Malaya and Vietnam*. Studies in International Security no. 10. New York : Praeger.

Trinquier, Roger (1961) *Modern Warfare : A French View of Counterinsurgency*. New York : Praeger.

Whitt, Sam, and Rick K. Wilson (2007) "The Dictator Game, Fairness and Ethnicity in Postwar Bosnia," *American Journal of Political Science* 51(3) : 655-668.

Wilkenfeld, J., Victor Asal, and A. Pate (2011) Minorities at Risk Organizational Behavior (MAROB) Middle East, 1980-2004. Harvard Dataverse, V1. https://dataverse.harvard.edu/dataset.xhtml?persistentId=hdl:1902.1/15973 (2019年10月30日閲覧).

Wintrobe, Ronald (1990) "The Tinpot and the Totalitarian : An Economic Theory of Dictatorship," *American Political Science Review* 84(3) : 849-872.

Wiuff, Louise M. (2009) "Towards Alternative Precepts of Statehood in Africa : The Role of Traditional Authorities in Reconstituting Governance and State in Somaliland." Ph.D. dissertation, Stellenbosch University.

Wood, Elisabeth Jean (2008) "The Social Processes of Civil War : The Wartime Transformation of Social Networks," *Annual Review of Political Science* 11(1) :

539-561.

（くぼた・ゆういち：日本大学）

「運動から政党へ」

——インフォーマルな運動を背景とした政治組織はフォーマルな政治に参加するときいかに変化するか——

酒井啓子［千葉大学］

1 インフォーマルな運動体からフォーマルな政治参入への転換による政治組織の変質

（1）「革命運動から政党」へ

　中東において，インフォーマルな政治制度がフォーマルな政治制度を補完,代替ないし凌駕して機能する事例は少なくない。破綻した国家において国家機能を代替するインフォーマルな政治組織として，レバノンにおけるヒズブッラーやガザにおけるハマースはその典型例である。また国家が破綻状態でなくても，国家による社会サービスが不十分な分野で活動を拡大したインフォーマルな政治組織として，エジプトのムスリム同胞団がある。

　これらは，インフォーマルな活動を通じて社会的影響力を拡大してきたこと（Haddad 2006），その多くが最終的にはフォーマルな政治組織としてフォーマルな国家制度の内部で行動することを目指す点で，共通している。ヒズブッラーであれムスリム同胞団であれ，長く非合法活動の時代を経て合法政党へと転換ないし発展し，支持者の「心と票をつかんで」（winning hearts and votes）選挙を通じてフォーマルな政治に参入した（Brooke 2019）。その意味で，これらは「かつてインフォーマルな政治運動を行っていたという経験を持つフォーマルな政治組織」と位置付けられる。

　これらの，かつてインフォーマルだったがフォーマルな組織へと転換し

た政治組織は，インフォーマルな運動体として活動してきた時代と，それがフォーマルな政治制度に展開したあとでは，その組織構成になんらかの変化を生じているのだろうか。インフォーマルな組織がフォーマルな政治組織と化した場合，その政治体の組織を構成する成員やそれが代表する社会集団，動員パターンや支持層との関係などは，異なるのか，異なるとすればいかなる点でなのか。とりわけインフォーマルな政治運動体が選挙を通じてフォーマルな政治制度に参加，交渉，調整をしていく過程で，それまで支持者・有権者を惹きつけていたであろう当該組織のイメージは，変化を余儀なくされるのか，否か。

　こうした問いを考える際に参考となるのが，クローズとプレボストが提唱する「革命運動から政党へ」概念（concept of revolutionary-move-ment-to-party）である（Close and Prevost 2007：4）。彼らによれば，革命運動は「反体制派から政府へと卒業」することを目指し，その運動の帰結としての「革命」を定着化させ制度化することで，革命の成果が揺るぎないものとなることを目指す（Close and Prevost 2007：1）。その際，反政府革命派側の政治軍事組織が政党へと転換するにはさまざまな代償が必要となるが，特に元武装勢力が政党化する過程では，指導者への権力集中やトップダウン体質，軍事組織にありがちな秘密主義などからいかに脱却できるかなどが課題となる。なかでも革命運動時代に民衆に対して約束した社会変革が，その組織が政党化することでどこまで実現できたか，などの点が問われる（Close and Prevost 2007：10-11）。組織として体質改善するリスクを冒さずインフォーマルな運動体として継続するか，組織としての変質を受け入れてフォーマルな政治に参入していくかの選択に迫られるのである。

　クローズとプレボストが分析する事例は，もっぱらラテンアメリカとアフリカの左派系武装ゲリラ勢力であり，ハマースやヒズブッラーについては，名前は上げつつも反政府というより反イスラエル抵抗運動である点で比較対象とならないとしている。とはいえ，冒頭で挙げたような中東のイ

ンフォーマルな政治運動体からフォーマルな政治制度へと組み込まれて
いった諸組織のほとんどが，イスラーム主義を掲げ「イスラーム革命」を
目指して運動を展開してきた。左派，イスラーム派というイデオロギー的
な差異，また地域的差異はあるにせよ，中東のイスラーム主義政党もまた，
「革命運動から政党へ」の枠組みで考えることができよう。もっとも，「ア
ラブの春」などに見られるように「革命」の幅も近年多様化していること
から，より柔軟に路上抗議運動なども含められるように，ここでは，「（革
命志向を強く有した）運動から政党」概念としてとらえていきたい。

　クローズとプレボストは最も注目すべき「代償」として組織体質とイデ
オロギーの変化を挙げたが，その両方を表象するのが，組織構成員，特に
組織幹部など活動の前面に出る成員であろう。いかなる組織構成員を当該
組織の「顔」として打ち出すか，そこに組織がいかなる社会層や思想を代
弁していると主張しているかが現れてくると考えられる。

　「運動から政党」へと転換した諸政治組織が，フォーマルな政治舞台に
おいていかなる「顔」を打ち出すかを最も明確に表すのは，選挙である。
いかなる立候補者を立てることが有権者を惹き付けることができると，政
治組織は考えているのか。それに対して，有権者は政党が提示する立候補
者のどのような社会的属性を評価して選好するのか。政党側が提示する
「顔」と，有権者が選ぶ「顔」は，一致するのか否か。本稿では，イン
フォーマルな政治運動体がフォーマルと化す「運動から政党へ」過程のな
かで，政党が示す政党像が変化するか，またそれが有権者が当該政党に期
待する像に沿うものであるかに着目し，イラクで2018年に実施された選挙
において最も得票のあったサーイルーン（Sa'irun）とファタフ（Fatah）
という二大選挙ブロックの立候補者を事例として分析する。

（2）　イラクの事例を取り上げる意味

　上述したように，中東のイスラーム主義政党のほとんどが，イスラーム
革命の成就を目指す過程で社会への浸透に力を注いできた。その代表的事

例であるヒズブッラーについては，特に社会における運動体としての役割から政治への関与への変容過程について議論が進んでいる（Worrall, Mabon and Clubb 2016）。とりわけ，それまで路上行動や武装活動など，選挙によらない非制度的でインフォーマルな政治動員に力点をおいてきたヒズブッラーが，本格的に選挙政治に関与していくにつれてその動員戦略のゴールを変化させていったこと，宗派が同じかどうかを優先的に考えるというよりは選挙政治のなかでの戦略的判断に基づいてその社会サービス提供を実施することを，データに基づき論じているカンメットとイサールの議論は（Cammet and Issar 2010），同種のイスラーム主義政党を分析するうえで参考になる。

　他方，同じく革命志向のシーア派イスラーム主義政党を抱えるイラクの事例については，こうした観点で論じた先行研究はわずかである。ダアワ党（hizb al-da'wa）やイスラーム最高評議会（al-majlis al-a'la al-islami al-'iraqi, ISCI）を始めとしたイスラーム革命を射程にいれたイスラーム主義政党については，2003年まで国外での活動を中心としていたこともあり，その革命運動期の実態と2003年以降の政権与党としての実態を連結してその変質を論じた論考は，ほとんどない（Iskhan and Mulherin 2020）。2003年以降に政治活動を展開し注目を浴びたサドル潮流（tayyar al-Sadr）については，安全保障上のスポイラーとして位置づけた議論や（Krohley 2015），社会運動論の観点からの分析はあるものの（Doyle 2018），それが政党へと変化する過程に注目した研究は少ない。

　本稿では，2018年のイラク国会選挙でフォーマルな選挙ブロックとして登場し最も多くの議席を獲得した，シーア派イスラーム主義政党連合であるサーイルーンとファタフを分析対象とする。インフォーマルな運動体からフォーマルな政党への転換は，他のイスラーム主義政党，すなわちダアワ党やISCIなどでも見られる[2]。だがここで2018年選挙でのサーイルーンとファタフを取り上げるのは，2015年以降既存政党による政治権力の独占と権力の恣意的分配を批判する路上抗議運動が活発化していたこと，「イス

ラーム国」(IS) 出現（2014年）により機能不全に陥ったフォーマルな国家組織たる国軍に代わってインフォーマルな祖国防衛が必要とされたという，二様の形でインフォーマルからフォーマルへの挑戦が進行していたなかでの選挙だったからである。

　サーイルーンの中核であるサドル潮流と，ファタフの出発点にある人民動員機構（ha'yat al-hashd al-sha'bi, PMU）については，次節で詳細に説明する。運動体であるサドル潮流と，インフォーマルな治安・軍事組織であるPMUとでは性質が異なるが，フォーマルな政治制度外で支持者を動員し，祖国防衛や社会サービスの提供といったインフォーマルな活動で有権者にアピールしてきたという点で，イラク戦後政治をそれまで主導してきた既存の選挙ブロック（ダアワ党やISCIなどシーア派イスラーム主義政党のブロックやイラキーヤ['iraqiya]）と質を異にしている。

　本稿が明らかにするのは，2018年の国会選挙に臨んでこの両ブロックが，インフォーマルな運動体として民衆の間で支持，評価を得てきた経験をアピールする布陣をとったのか，それともフォーマルな政治制度に適応する志向を打ち出す布陣をとったのか，という点である。そのために，2018年選挙において両選挙ブロックがいかなる候補者を立候補リストの上位ランクに擁立したかに注目する。[3] すなわち，「運動から政党へ」の変化のなかでもとりわけ，組織の人員構成を「候補者」という形で有権者にどのように「見せ」ているのかに着目する。いかなる社会的属性を持つ候補者たちを「リスト」に掲げて有権者に提示し，その組織がいかなる社会層を代弁するイメージを打ち出しているのか。

　第二節で両ブロックの概要を説明したのち，第三節では，立候補者のうち当選者およびリスト上位に位置付けられたにもかかわらず落選したものたちのプロフィール分析を行う。[4] むろん候補者全体のプロフィールを見なければ，これらの選挙ブロックが自らの組織構成をどう提示したのか把握できないことは言うまでもない。だが，いずれの選挙ブロックも当選可能な人数を超えて膨大な数の立候補者名をリストに記載しており，リスト下[5]

位にある立候補者は泡沫候補的にしか位置付けられていないと推察される
ことと，落選議員の多くは議員名簿にも国会での活動情報も得られないた
め情報がほとんど得られないという資料上の制約がある。そのため，ここ
では分析対象とする二大選挙ブロックについては当選者および立候補リス
ト上位集団[6]の，その他の選挙ブロックについては当選者のプロフィールを
取り上げて分析した。

2　サーイルーンおよびファタフの「インフォーマル」な来歴

　まずサーイルーンの土台たるサドル潮流と，ファタフの土台たるPMU
の，インフォーマルな活動の来歴を概観しておこう。

（1）　サドル潮流

　イラク戦争後，その動員力と急進的な反米，反権威姿勢で台風の目と
なったムクタダ・サドル率いるサドル潮流（tayyar al-Sadr）は，それ自
体は政党としての自覚を持たない。発祥は1990年代にさかのぼり，ムクタ
ダの父でシーア派宗教権威であったムハンマド・サーディク・サドルが実
践する一連の宗教活動が，サドル運動と呼ばれた（Cockburn 2008）。同
潮流は，フセイン政権下で信徒間ネットワークを確立した草の根的宗教・
社会運動としての側面，反米ナショナリズム，そしてサーディクがフセイ
ン政権に殺害された（1999年）ことからくる犠牲者意識と反バアス党志向
といった特徴を持つ。

　なかでも，貧困層，社会的底辺からの支持の強さ，特に社会的底辺に位
置付けられた若者層の参加が特徴的である。2003年以降サドル潮流のゲリ
ラ的暴力行動，反ヒエラルキー志向が目立ったが，これらは父の代の運動
から引き継いだというよりは，ムクタダ自身の若さと若年層支持者による
急進志向によるものと考えられる。特にサドル潮流の民兵組織として成立
したマフディー軍（jaysh al-mahdi）は，イラク戦争直後にサドル潮流が

活動基盤確保，拡大のために組織した武装集団で，ナジャフで伝統的宗教権威に挑戦した騒乱や，帰国した亡命政治家の暗殺容疑など暴力行為を起こしたが，その行動はイラク戦争後のイラク社会に蔓延していた反米，反権威主義，排外意識を反映していた[7]。

インフォーマルな運動体としてのサドル潮流がフォーマルな政治の舞台に登場するのは，2005年1月の制憲議会選挙と，比較的早い時期である。だが，この時はサドル潮流関連の立候補者がUIA（イラク統一同盟[i'tilaf al-'iraq al-muwahhid]，シーア派諸政党が合従連衡した選挙ブロック）ないし他の政党ブロック（無所属国民幹部エリート潮流[al-kawadir wa al-nukhab al-wataniya]）から立候補したにすぎない（獲得議席23）[8]。2005年12月の第1回国会選挙では正式にUIAに参加，28議席を獲得して閣僚ポストを得るなど政治派閥として影響力を発揮したが，この時点ではまだ特定の政党を有していなかった。

サドル潮流がその政治部門としての政党を組織化し，主導権を持って選挙に打ち出すのは，2009年以降のことである。2007年頃からマーリキー政権と対立してUIAを脱退，2008年にはバスラを中心に政府軍とマフディー軍の間で激しい武力衝突が発生した。その結果マフディー軍は鎮圧され，サドル潮流はマフディー軍の解体を宣言，政治活動に傾斜して，2009年の地方議会選挙では無所属自由潮流（tayyar al-ahrar，以下アフラール）を設立してサドル潮流の候補が各県で立候補した[9]。アフラールは，法治国家同盟（dawla al-qanun，ダアワ党主導のブロック，以下SLC），ミフラーブ・リスト（qa'ima shahid al-mihrab，ISCI主導のブロック）に次ぐ第3位（全体の6.1%）の地方議会議席を獲得した。だが2010年の国会選挙ではアフラール・ブロック（潮流[tayyar]からブロック[kutla]に改名）はISCI主導のイラク国民連合（i'tilaf al-watani al-'iraqi，以下INA）に参加，INAが獲得した70議席のうち39議席をサドル潮流が得て，ISCIやバドル組織を超えてINA内の最大派閥となった（Dougherty 2019）。2013年の地方議会選挙および2014年の第三次国会選挙では，サドル潮流はアフラール連

合（i'tilaf, ブロックから改名）を土台とし，前者では全議席の9％（SLC, 市民連合[i'tilaf al-muwatin, ISCI主導のINA後継組織]に続き3位），後者では34議席（全議席の9％，SLCに続き2位）獲得した。

　とはいえ，2010〜18年の間は，サドル潮流はフォーマルな政党としての役割と，インフォーマルなネットワークに基づく社会運動との間を行き来する存在であり続けた。ドイルは社会運動論の観点から，サドル潮流を「民衆を闘いの政治（contentious politics）に動員する，インフォーマルにネットワーク化された複雑な社会勢力」と位置付け，それが「闘いの政治のレパートリーを通じて政府のフォーマルなメカニズムに影響を与えている」と指摘する（Doyle 2018：44）。イラクでは2010年頃から市民運動による政府批判が，主としてバスラやディーカールなど南部諸県で，特に経済悪化や電力不足による生活環境の劣悪化などを不満として展開されていたが，2011年初頭からは「アラブの春」の影響もあり首都圏にも運動が広がった。これらは知識人中心のリベラルな運動であったが，運動の拡大とともにサドル潮流はこれを利用，路上での動員力に依存した活動を再開した。2015年には政治改革の遅滞を批判した反政府抗議活動が，主としてバグダードで活発化し，翌2016年4月にはデモ隊がグリーンゾーンに乱入，国会を占拠する事態となった。

　この路上抗議活動を通じて，サドル潮流は共産党など世俗派，リベラル派の左派市民運動と接点を持つようになった（D'Cruz 2019）。ドイルは2015〜17年の市民社会運動と共闘したサドル潮流の行動を「道具的連合」とみなし，2016年初頭にはその連合を土台とした各派代表の委員会が組織化されたことを指摘する（Doyle 2018：48）。このように，運動と制度内行動を使い分けながら，2018年の国会選挙においてサドル潮流が主導し共産党をも抱えた選挙ブロックが，サーイルーンである。同ブロックは54議席を得て第一党となり，フォーマルな政治制度の中核に位置付けられた。

（2）　人民動員機構PMU

　次に，2014年以降対IS作戦で幅広い支持を集めたPMUと，それを背景に設立されたファタフ・ブロックを見ていく（Cigar 2015，Abbas 2017；O'Driscoll et al. 2017；Haddad 2018；Haddad 2020；Knights, Malik, and al-Tamimi 2020；Mansour 2021；Rudolf 2018）。

　PMUの成立は，2014年6月にシーア派宗教権威のスィースターニー師が，ISのモースル制圧という国家的危機に対し，国民に国防への協力を呼び掛けたことによる。その結果，大別して①宗教界の呼びかけに答えて徴募された一般の義勇兵集団，②もともと民兵組織を持っていた政党がその軍事部門を統合して成立した集団，③政府が徴募した集団（al-hashd al-dawla），④スンナ派やキリスト教徒など，非シーア派を対象に参加を募った集団（部族動員tribal hashdと呼ばれる集団を含む）など，各種の義勇兵組織が誕生した。

　シーア派宗教権威の呼びかけという，制度的にはインフォーマルだが社会的影響力の強い動機によって集められたという点で，PMUはあくまでもインフォーマルな存在として始まった。だがその一方で，ISに対峙し祖国防衛を担う軍事組織としては，制度的に国家の国防機構に組み込まれる必要があり，組織化，制度化が求められた。そこでは，すでに組織化され準フォーマルな形で成立していた上記②が，中核的な役割を果たした。

　②のグループの多くは一般的に親イラン派政治政党の軍事部門が集まった集団と認識されているが[12]，彼らは，ISの登場に先立ちマーリキー政権末期に反政府勢力を軍事的に抑えることを目的として結集されたという経緯を持つ（Mansour and Jabar 2017；Haddad 2020）[13]。その中心的役割を果たしたのがバドル組織だが，それは1982年に亡命先のイランで設立されたイラク・イスラーム革命最高評議会の民兵部門として結成されたバドル部隊（faylaq al-badr）を前身とする。バドル部隊は，イラン・イスラーム革命防衛隊の指導の下に軍事訓練を受け，イラン・イラク戦争中は反フセイン勢力としてイラク国内に潜入しゲリラ活動を展開したが，イラク戦争

後イラクに帰国するとバドル組織に改名して政治組織化を進め，第一回選挙から主としてISCIと連立を組んで国政に参加した。こうした経緯を踏まえれば，マーリキー政権は，2003年以前の旧体制に対する反体制派武装組織が，非合法組織から政党へと「卒業」しつつあったところに，これらを再びインフォーマルな「武装組織」として動員したことになる。そして，これらのマーリキー政権を支えるために動員された武装組織が，ISの登場を受けて2014年のスィースターニーのファトワーを契機に，治安維持活動を実施する正統性を得たのである。

さて，PMUが憲法の禁じる国軍以外の軍事組織として黙認されることを危惧したアバーディ政権は，PMUの制度化，文民統制，軍内への吸収を図った（Smith and Singer-Emery 2019）。2016年2月には政令91号を発出，11月には「人民動員庁法」を成立させ，PMUがイラク国軍の一部であること，国軍総司令官の直接の管轄下にあること，政治活動への参加は禁じられること，PMUの司令官は議会によって任命されることなどを定めた（Saliba 2016）。また，2018年9月にはPMUの改革を謳った行政法331を定め，[14] 首相による監督を強化した（Knights, Malik and al-Tamimi 2020）。とはいえ，PMUは組織的にも訓練，規律面でも国軍とは区別され，大きな自立性を維持した（O'Driscoll, Dylan and Zoonen 2017：17）。

だが，PMUの一般国民の間での人気の背景にあるのは，宗教権威の呼びかけと素朴な国防意識というインフォーマル性である。マンスールとジャッバールは，ISとの闘いの過程でPMU人気が国民の間で絶大であったことを指摘し，その理由として制度化されたフォーマルな組織に対する不信の裏返しがあったと述べている（Mansour and Jabar 2017）。同時期に行われたカルバラー訪問の巡礼者を対象とした調査でも，イラク人巡礼者のほとんどがPMUを支持すると回答しており（Christia, Dekeyser and Knox 2016：131），ハッダードはこれを「PMUのバグダードや南部での貧しく利他的な若者の，祖国防衛の呼びかけに対する呼応」という「伝説」によるものと指摘している（Haddad 2020：39）。

　だが，2019年にハッダードらが実施した調査で，PMUは地方社会に否定的な役割を果たす，との回答が過半数を占めていることは（Haddad 2020：39），まさにその年に激しい反政府抗議デモが全国で展開され，特に親イラン系政府治安組織に対する反発が国民の間に広がっていたという時代の空気を反映している。このことは，ISに対して国軍に代わり国防能力を発揮してきた時期にはPMUは好評価の対象となるが，それがいったん制度的治安組織化し，国民生活を抑圧し腐敗した支配エリートの一部（あるいはその根幹）とみなされると，ISとの闘いの過程でなされたPMUの「利他性」への評価は消え失せた，ということができる。

3　2018年選挙の当選者・立候補者のプロフィール分析

　さて，以上のサーイルーンとファタフの活動経緯を踏まえて，2018年の国会選挙での両ブロック議員の構成を分析する[15]。前節の経緯から推測すれば，両ブロックともその社会運動の経歴やインフォーマルな組織ならではの特徴を選挙戦で打ち出すことで，既存のフォーマル政党との差異を打ち出すことが想像されよう。前述のPMU人気について，マンスールは，サーイルーンはさほど選挙戦略に利用しなかったが，ファタフは元PMU兵士・将校を積極的に候補者に取り立てた，と指摘している（Mansour 2021）。

　本分析では，これらの選挙ブロックの候補者がいかなる社会的属性を強調して選挙戦に臨んだかに光を当てる。候補者リストは，その政党が考える，選挙という制度化されたフォーマルな政治に参加するべき政治家像を反映しているが，非拘束式なので選挙ブロックが用意したリストの順番通りに票が獲得されるとは限らない。立候補者像と当選者像のずれは，選挙ブロックがフォーマルな政治に参加するために望ましいと考える成員像と，有権者が当該選挙ブロック出身の議員に望む成員像がずれていることを示している。そのずれこそが，「運動から政党」への変質をあらわし，「運動

から政党」への変化の過程で，当該政治組織が何を犠牲にし，何を新たに取り入れたのかを把握する手がかりとなる。

　そのため，各立候補者の選挙に臨んでの自己紹介や活動説明などを，所属政党ないし自身の個人フェイスブックやツイッターでどのように行っているかを調べ，その内容を要素ごとに分類した。[16] そこで取り上げた要素は，①年齢，②性，③ラカブ（出身家，部族や出身地を示す屋号），④出身地（他県からの移住経験の有無も含め），⑤教育レベル（取得学位），⑥閣僚経験，⑦国会議員経験，⑧県議員経験，⑨地方行政職経験（知事，市町村首長，地方自治体職員など），⑩伝統的社会紐帯を土台とした名望の有無（部族社会での指導的役割，ウラマーなど宗教的名家の出自背景，著名政治家・文化人との親族的関係など），⑪職歴，⑫PMUへの参加経験，⑬2003年以前の在外滞在経験，である。

　これらのデータをもとに，まず当選者264人について主要な選挙ブロックの傾向を比較し，有権者がサーイルーン，ファタフに求める議員像と，フォーマルな政治への参加経験が長い他の既存主要選挙ブロック（ナスル［nasr，アバーディ元首相主導，ダアワ党の一部］，SLC［マーリキー元首相主導，ダアワ党の一部］，ワタニーヤ［wataniya，アッラーウィ元首相主導，元イラキーヤ］，ヒクマ［hikma，アンマール・ハキーム主導，ISCIから分派］）に求める議員像の差異を明らかにする。

　次に，サーイルーン，ファタフについて，当選者集団と立候補リスト上位に掲げられた立候補リスト上位集団とでその社会的属性が異なっているか否か，異なっているとすればどのような点かを見る。この作業によって，両ブロックがフォーマルな政治舞台に登場するための組織構成として提示した布陣と，インフォーマルな活動過程で支持者を獲得してきた両ブロックに対する有権者の選好との差異を浮き彫りにすることができる。

（1）　各選挙ブロックの当選者像

　当選者全体のなかで，上記の社会的属性を持つ者がどのくらいの比率を

表1　社会的属性を有する当選者が全体に占める比率（%，選挙ブロック別）

選挙ブロック／社会的属性		サーイルーン (54議席)	ファタフ (48議席)	ナスル (42議席)	SLC (25議席)	ワタニーヤ (21議席)	ヒクマ (19議席)	全体
年　齢	40歳未満	**22.2**	**22.0**	5.0	20.0	5.0	11.0	16.3
	40-49歳	**63.0**	47.0	52.0	32.0	**62.0**	42.0	50.0
	50歳以上	16.7	**29.0**	43.0	48.0	33.0	**47.0**	23.1
教　育	高卒	0.0	14.6	2.0	12.0	5.0	7.0	6.8
	大卒	**70.4**	60.4	**74.0**	52.0	**76.0**	**79.0**	68.9
	修士	11.1	10.4	7.0	20.0	10.0	7.0	11.4
	博士	14.8	10.4	14.0	8.0	5.0	7.0	10.2
国会議員経験	なし	**94.4**	60.4	57.1	32.0	47.6	**68.4**	61.7
	一回	1.9	**29.2**	28.6	32.0	23.8	21.1	20.8
	二回	3.7	10.4	9.5	32.0	19.0	10.5	13.6
	三回	0.0	0.0	4.8	4.0	**9.5**	0.0	3.8
閣僚経験		3.7	**8.3**	7.1	12.0	4.8	5.3	7.2
地方行政経験（首長職，県議会議員）		7.4	**20.8**	**26.2**	24.0	9.5	**36.8**	18.6
職業的背景	学界	**5.6**	0.0	4.8	4.0	0.0	**5.3**	3.0
	ビジネス界	0.0	0.0	7.1	4.0	0.0	0.0	2.3
	技術者	0.0	0.0	0.0	0.0	4.8	0.0	0.4
	医療関係	3.7	0.0	7.1	4.0	0.0	0.0	3.8
	軍人	1.9	0.0	4.8	0.0	0.0	0.0	1.1
	テクノクラート	**14.8**	2.1	4.8	4.0	0.0	**10.5**	6.4
伝統的社会背景	部族	3.7	6.3	9.5	16.0	9.5	5.3	8.3
	宗教	1.9	0.0	2.4	0.0	4.8	0.0	1.1
	親族	0.0	0.0	2.4	12.0	0.0	0.0	1.5
亡命経験		1.9	6.3	9.5	12.0	0.0	4.8	7.6
PMU経験		0.0	14.6	2.4	0.0	0.0	**5.3**	4.2

注：太字は全体値を1%以上上回っているもの。

占めたのかを現したのが，表1である[17]。全体として，7割近くが50歳未満，大学卒で，6割が過去の議員経験を持たないことがわかる。閣僚経験者は7％強で，議員経験と合わせると，中央政界で経験のある当選者は概して少ない。一方地方行政，議会での経験を持つ者は2割弱とやや多い。また部族的背景や部族をベースにした社会活動を喧伝するものは8％強だが，前政権末期以降の部族の登用や内戦期（2006〜07年）に部族勢力に治安面で依存したことなどを考えれば，さほど大きな数字ではない。一方で，PMUでの活動経験を喧伝したものは4％にしかならなかったことは，上記第2節（2）項の経緯を踏まえると，意外な数値である。

これらの全体的傾向を踏まえて，主要選挙ブロックであるサーイルーン，ファタフ，ナスル，SLC，ワタニーヤ，ヒクマの6組織はどのような傾向を示しているか。表1で太字で示した数値は，それぞれの選挙ブロックで特定の社会的属性を有する当選者が占める比率が，全当選者におけるそれを1％以上上回っているものであり，その選挙ブロックで平均以上に選好されている社会的属性であることを意味する。

　まず，主要選挙ブロックの多くでは高い年齢層の当選が多いのに対し，サーイルーンは高年齢の当選が極端に少ない。国会議員経験者の数も，サーイルーンでわずか5％強と少ない。一方議員経験を複数回積んだ当選者がSLC，ワタニーヤ，ナスルに多いが，これらの選挙ブロックが首相経験者によって率いられていることに関連している。また，大卒以上の学歴の高さや大学など高等教育・学術分野での職歴，テクノクラートとしての出自も，サーイルーンにおいて顕著である。

　ここから，サーイルーンの当選者像として「若くて教育程度が高く，専門知識があるが政界に染まっていない」というイメージが浮き彫りになる。これは，インフォーマルな運動過程で若年層の支持を得て勢力を拡張し，支配政党間での閣僚ポストの宗派別配分に反対し[18]，テクノクラート，専門家の登用を主張してきた「サドル潮流」像と一致する。

　それに対してファタフは，学歴の低さや専門職としての職歴のなさで，サーイルーンと対照的である。また議員，閣僚経験者が多く，その点ではSLCやナスルと近い。さらに地方県議会議員や地方県知事職などの経験者の多さは，SLCやナスルの他，同じISCI系列のヒクマとの相似を示している。これはダアワ党やISCIなど中央での支配政党が，2010年以降地方政界への浸透を図ってきたことを踏襲したものと考えられる（Sakai 2020）。

　支配政党による地方政界出身者の取り込み傾向は，部族勢力の利用にも類似のパターンが見て取れる。部族的出自を喧伝する当選者を多く輩出しているのはSLC，ナスル，ワタニーヤであるが，ファタフも一定の当選者を出している。反対に，サーイルーンからの部族的背景を持つ当選者は，

他のいずれの選挙ブロックよりも少ない。以上をまとめると，ファタフの当選者像は，既存の政治エリート層が採用してきた「中央・地方の政界における政治経験者，および地方社会に伝統的影響力を持つ部族指導者の登用によって組織成員を拡大する」という手法に沿った形で結ばれているのに対して，サーイルーンの当選者はこうした手法から離れたところで有権者の支持を得ているということができる。

（2） 各選挙ブロックが提示した立候補リストとの相違

　次に，サーイルーンとファタフの立候補リスト上位集団を見てみよう。立候補リストの順位でいえば獲得議席数内に入っていたにもかかわらず，個人の獲得票数が足りずに落選した者は，サーイルーンで33人，ファタフで24人である。言い換えれば，サーイルーンで6割，ファタフで半分の当選者が，リストの下位から当選を果たしたということになる（表2）。

　何よりも興味深いのは，サーイルーンであれファタフであれ，立候補リスト上位集団は，当選者に比べて年齢層が高いことである。落選した立候補者は，その後議員名簿などで生年や学歴が公開されないため，全員のデータがそろっている当選者と単純には比較できないが，両ブロックともに立候補リストでは年齢の高い候補が上位に位置されていたのに，下位の若年候補者のほうが多く当選したことがわかる。

　さらに議員・閣僚経験について，ファタフは立候補リストにおいては中央政界経験者を多く上位に掲げながら，実際には未経験者が多く当選していることが目を引く。逆に，職業的専門性を強調するサーイルーンは，立候補リスト上位においてのほうがより強く専門性が主張されているにもかかわらず，投票ではさほど選好されていないことがわかる。

　サーイルーンに関して興味深いのは，立候補リスト上位集団では2割近い部族出身者を擁立していることである。当選者分析で触れたように，サーイルーンからの部族出身者の当選は他の選挙ブロックに比較して少ないが，それは立候補者が少なかったからではなく，むしろ立候補リストで

表 2 　サーイルーンとファタフにおける諸社会的属性を持つ者の，当選者全体および立候補リスト上位集団全体に占める比率（%）

社会的属性	選挙ブロック	サーイルーン (54議席)		ファタフ (48議席)	
		当選者	立候補リスト上位*	当選者	立候補リスト上位
年　齢	40歳未満	**22.2**	9.3	**14.6**	6.3
	40-49歳	**63.0**	37.0	**52.1**	33.3
	50歳以上	16.7	14.8	33.3	47.9
教　育	高卒	0.0	*1.9*	**14.6**	12.5
	大卒	**70.4**	48.2	**60.4**	58.3
	修士	**11.1**	7.4	**10.4**	4.2
	博士	14.8	*18.5*	10.4	10.4
国会議員経験	なし	94.4	*96.2*	**56.3**	50.0
	一回	1.9	1.9	29.2	*33.3*
	二回	**3.7**	1.9	10.4	*12.5*
	三回	0.0	0.0	4.2	4.2
閣僚経験		3.7	3.7	8.3	*18.8*
地方行政経験（首長職，県議会議員）		**7.4**	5.6	20.8	*29.2*
職業的背景	学界	5.6	*11.1*	0.0	*2.1*
	ビジネス界	0.0	0.0	0.0	0.0
	技術者	0.0	0.0	0.0	0.0
	医療関係	3.7	*5.6*	0.0	0.0
	軍人	1.9	*5.6*	0.0	0.0
	テクノクラート	14.8	*25.9*	2.1	*4.2*
伝統的社会背景	部族	3.7	*16.7*	6.3	6.3
	宗教	**1.9**	0.0	0.0	*8.3*
	親族	0.0	*1.9*	0.0	*4.2*
亡命経験		1.9	1.9	6.3	*8.3*
PMU経験		0.0	0.0	14.6	*14.6*

注：太字は当選者の比率が立候補リスト上位者の比率を大きく上回っているもの，斜体はその逆である。
　 * サーイルーンの立候補リスト上位者については，落選候補のほとんどについて年齢および学位についてのデータを把握できなかったため，すべての年代とほとんどの学位において当選者の比率を下回ることとなった。

は上位に位置付けられたにもかかわらず，それらの多くが落選したからである。ファタフも同様に，宗教指導者としての出自や祖先の名望を強調した立候補者が数は少ないとはいえリスト上位に置かれていたが，部族出身者以外は落選した。

　これらをまとめると，以下のようになろう。当選者像で見たように，サーイルーンは「若くて教育程度が高く，専門知識があるが政界に染まっていない」，ファタフは「学歴や専門的職業的知識はないが，既存政治エ

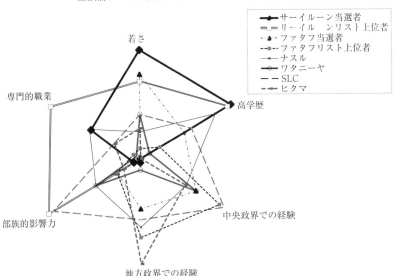

図1　選挙ブロックの当選者およびサーイルーンおよびファタフの
　　　立候補リスト上位者の社会的属性傾向

リートの登用パターンを追随」した者が議席を獲得した。だが，実際に立
候補リスト上位集団と比較すると，必ずしもこうした像が立候補リスト策
定時に想定されていたわけではなく，有権者からは忌避された年齢層の高
い候補者や部族的背景をもつ候補者がリスト上位に位置付けられているの
である。[19)]

　この傾向を，他の選挙ブロックの当選者像を含めて比較するとどうなる
か。図1は主要選挙ブロックの当選者の社会的属性傾向と，サーイルーン
およびファタフの立候補リスト上位者のそれとをクモの巣グラフにしたも
のである。興味深いことに，サーイルーンの当選者の社会的属性を示した
グラフは他の既存の政治エリート主導の選挙ブロックのそれとはあまり重
なっていないのに対して，サーイルーンの立候補リスト上位集団のグラフ
はSLCやナスルとの重なりが大きくなっていることである。この現象がよ
り明確なのは，ファタフである。ファタフの立候補リスト上位集団のグラ

フは，SLCの当選者のそれと近い形と位置を示している。さらにはヒクマとの相似性も強くみられ，ファタフの立候補リストが既存の支配政党，特にダアワ党およびISCIが構築してきた支配エリート像を踏襲したものであることがはっきり見て取れる。それに対して当選者のグラフは，立候補リスト上位集団と「若さ」と「高学歴」の点で既存の支配エリート層と異なる傾向を示している。

　ここには，ファタフを構成する参加政党の差異が関係しているものと考えられる。ファタフという選挙ブロックには，上述したバドル組織に加えて，サドル潮流から分派した武装組織アサーイブ・アフル・ル・ハックが結成した政治組織サーディクーン（sadiqun），ヒクマが分裂した残りのISCI，サドル潮流と思想的同根とされるファディーラ党などが参加している。そのため，ファタフの立候補リスト上位集団には，バドル出身が14人，サーディクーンから4人の他，ISCIやダアワ党などから移籍した候補者が多く記載されている。しかし当選者は，バドルが21人，サーディクーンが15人と獲得議席の4分の3を占めており，ISCIやダアワ党，ファディーラ党など既存の支配政党からの移籍組，特に重鎮の落選が目立っている。ここに，ファタフがフォーマルな政治舞台に上がるために準備した既存の支配政党，政治エリート層との妥協という選択に対して，有権者は否を突き付けたことを見て取れる。そしてバドル，サーディクーンというPMUを支えた勢力が，ファタフの当初の予定を超えて支持され当選していることがわかる。

（3）　PMU人気はファタフの選挙結果に反映されたか

　ファタフにおいて既存の支配政党出身者が忌避され，PMU系のバドルとサーディクーンがより多く選出されたことは，ファタフがインフォーマルな祖国防衛に携わるPMUが有権者に評価されたことを意味しているのだろうか。

　前述したように，当選者全体でPMUでの貢献を喧伝する候補者が少な

かったが（11人），そのうち7人はファタフ出身である。[20] このうち，6人がバドル系で，サーディクーンは1人しかいない。つまり，PMUであることを喧伝するのはPMUの中核を占めるバドルであり，かつ同組織の幹部的位置付けの者のみに限定されていることがわかる。ハッダードはPMUの「伝説」を「貧しい利他的な若者の祖国防衛」と述べているが（Haddad 2020：38），その伝説を選挙動員に利用したのは，その伝説像に合致する元サドル潮流のサーディクーンではなく，2003年以来フォーマルな政党として活動してきたバドルの，バドル部隊時代の名声であった。

　バドル組織は，①2003年までの「イスラーム革命」を志向するインフォーマルな反体制武装組織，②2003年以降のフォーマルで制度化された政治への政党としての参加，③マーリキー政権期以降のインフォーマルな準軍事組織としての既存のフォーマルな政治への貢献，④2014年以降のPMUというインフォーマルな国防ネットワークの管轄，という4つの顔を時代ごとに使い分けてきた。だが，2018年選挙で強調されたのは，④のPMUにまつわるインフォーマル性ではなく，①2003年以前にインフォーマルな革命組織だったという「元インフォーマル性」であり，③の準軍事組織を維持しつつフォーマルな政治制度のなかで与党の一翼を担ってきたという「フォーマル性」との折衷であったのである。

4　新たな運動の登場と「運動から政党へ」の新たな可能性

　以上をまとめれば，以下のようになろう。

　サドル潮流は，早くからフォーマルな政治制度への参入を果たしながら，インフォーマルな運動体として，既存のフォーマル政党に対する挑戦者としてのイメージを保ってきた。そのイメージは，2018年選挙において設立したフォーマルな政治組織であるサーイルーンの当選者像（「若くて教育程度が高く，専門知識があるが政界に染まっていない」）にある程度現れている。その意味では，「サドル潮流」としてのインフォーマルな社会運

動の特質は，フォーマルな政治組織としてのサーイルーンに引き続き期待されていると考えられる。その一方で，「フォーマルな政治」舞台に活動の場をシフトするサーイルーンとしては，有権者が期待する像とは若干異なる「当選すべき立候補者像」を掲げた。そこには，部族的出自候補や古参の政治エリートの起用といった，既存の支配政党が構築してきた支配エリート像に配慮した側面が浮かび上がる。

　対照的なのがファタフである。ファタフという選挙ブロックの誕生は，インフォーマルであるがゆえに国民的な評価を受けたPMUの祖国防衛活動を背景にしたものであったが，それが選挙を通じてフォーマルな政治に参入していく際に強調したのは，PMUのインフォーマル性ではなく，PMUを統括してきたフォーマルな政治組織の存在であり，そのフォーマルな活動歴，および遡って2003年以前のインフォーマルな「革命」組織としての成果を打ち出したものであった。その意味では，ファタフは2003年以降のイラク政治の長いスパンでの「革命から政党へ」という変化を体現しているとも言え，他の元革命組織たるダアワ党やISCIを含めて，今後研究の余地がある。

　それでも，ファタフが結成される出発点にPMUの国民的人気と宗教的権威による正統性付与というインフォーマル性が必要だったことを考えれば，2003年以降フォーマルな政治参加を実現しながらもインフォーマル性を利用せざるを得なかったということの意味を看過することはできない。その点では，インフォーマルとフォーマルの間を行き来することで支持を獲得してきたサドル潮流と共通する面がある。

　最後に，2019年秋から始まった大規模な反政府路上抗議活動が，これらの両選挙ブロックのフォーマル性とインフォーマル性に与えた影響を見ておこう。10月1日，バグダードをはじめ中・南部一帯で激しい反政府デモが若者を中心に組織化され，数百万人規模で反政府路上抗議活動（「10月革命」）が展開された（酒井 2020）。そこで特に批判されたのが，素手の国民に容赦なく武器を向けるファタフ管轄の政府治安部門であった。ここ

でファタフが体現するPMUの「祖国防衛伝説」は崩壊し，体制擁護のための為のフォーマルな暴力装置と化したのである。ハッダードは「PMUは正常化，制度化を追求したことで現状維持の擁護者となっていったが，それは一般国民の人気を失うことでもあった」と指摘する（Haddad 2020：31）。

一方，サーイルーンは，ここでもインフォーマルな社会運動を支えるサドル潮流という「伝説」を最初は維持していた。しかし2020年1月末，デモ隊への支援を停止，逆にこれらの排除に協力したことで，サーイルーンは，インフォーマルな運動体としての成果を犠牲にして既存のフォーマルな政治同盟のなかに参入することを決定したといえよう。

換言すれば，選挙後のサーイルーンがフォーマルな政治組織としての行動を優先させ，インフォーマルな社会運動体としての役割から乖離したがゆえに，「10月革命」の活動家たちは独自に，新たなインフォーマルな社会運動を開始したともいえる。冒頭に，クローズとプレボストの引用として「（インフォーマルな政治組織が）革命運動時代に民衆に対して約束した社会変革がその組織が政党化することでどこまで実現できたか」が問題となると指摘したが，それこそがまさに2018年選挙後のサーイルーンに投げかけられた問いであった。そして，その答えが否であったからこそ，「10月革命」が発生したといえる。

注

1）　例えば，ハーリクがヒズブッラーを評した「過激な民兵から主流政党へ（from Radical Militia to Mainstream Party）」との表現は，クローズとプレボストの議論とほぼ重なる（Harik 2005：43）。

2）　ちなみに，イラン革命を志向して1982年に結成されたイラク・イスラーム革命最高評議会が，イラク戦争後の国政に参加した後に，その名称から「革命」を削除して「イラク・イスラーム最高評議会」としたことは，「革命運動から政党」への転換の典型例と言える。

3）　イラクにおける選挙は2005年の導入当初には拘束式比例代表制が採用されたが，

2010年から非拘束式に変更された。そのため選挙ブロックが立候補者のリストに優先順位をつけても，各候補者が個々に獲得した票数によって当落が決まる。

4） 候補者リストや当落選者の獲得票数などの選挙結果については，選挙管理委員会公式ホームページhttps://ihec.iq/による。

5） 全議席数329に対し，サーイルーンが擁立した立候補者は1786人，ファタフは496人。

6） ここでいう「立候補リスト上位集団」とは，選挙ブロックが用意した立候補者リストのうち，上位者から順に当該ブロックが当該選挙区で獲得した議席数の分の候補者を指す。拘束式リストであれば選挙ブロック側の意図が選挙結果にすべて反映されて当選したはずの立候補者たち，と言い換えてもよい。

7） Taha（2019）は，マフディー軍はサーディクの運動の賜物というよりは，フセイン政権時代の体制側が雇用した治安・軍事組織に属していた経験を背景に持つと指摘している。

8） 2005年1月の地方議会選挙では，サドル潮流出身者は特定の政党を掲げず，さまざまな地方政党の名のもとで立候補した。例えば「国民幹部エリート潮流」（バグダード1議席），「フサイン思想フォーラム（muntada al-fikr al-husayni）」（マイサン15議席），「エリート集団（tajammu' al-nukhab al-'iraqiya）」（ワーシト31議席），「ラスール協会（mua'sasa al-rasul）」（バービル6議席），「ムスリム同胞（al-ikhwa al-muslimun）」（カーディスィーヤ3議席）と「イラクへの忠誠集団（ta-jammu' al-wafa' lil-'iraq）」（同2議席）がその例である。

9） ただしアフラールはサドル潮流の政治部門という位置付けではなく，サドル潮流は別の政党（Integrity and Construction list）を自派用に設立したり（Dougherty 2019：643），他の政党からサドル系の候補者が出馬するケースも見られた

10） 2013年地方議会選挙では，サドル潮流はアフラール以外にも候補を立てた。それは，国民パートナーシップ集団（tajammu' al-shiraka al-wataniya，バービル，ディーカール，マイサン，ナジャフ），国民エリート潮流（tayyar al-nukhab al-wataniya al-mustaqilla バグダード），市民国家ブロック（kutla dawla al-muwatanaバグダード）の3政党で，アフラール44議席に対して3政党は11議席獲得した。ここでの比率はこれらの議席を合わせた数字。2014年国会選挙でもサドル潮流はアフラール連合＋3政党に分散して立候補した。

11） 「アラブの春」全般におけるインフォーマルなアクティヴィズムの重要性に着目したハーティブとルストは，従来の研究が「フォーマルとインフォーマルの範疇におけるアクティヴィズムの交流を見逃してきた」と批判している（Khatib and

Lust 2014)。彼女たちの分析対象とは異なるが，デクルーズ（D'Cruz 2019）が調査したサドル潮流と左派との路上行動での接触と共闘，そしてそれが選挙ブロックというフォーマルな政治へと展開したことは，この「アクティヴィズムの交流」に他ならない。

12）　サドル潮流からPMUに参加した義勇兵組織サラーヤ・サラーム（saraya al-salam）も形態としては②に当てはまるが，ここでは主としてバドル系のグループを対象とする。

13）　このときの親イラン派7組織は，バドル組織（munazzama al-badr），アサーイブ・アフル・ル・ハック（asa'ib ahl al-haqq），ヒズブッラー部隊（kata'ib hizbullah），殉教者サイエド部隊（kata'ib sayyid al-shuhada），高貴なるヒズブッラー運動（harakat hizbullah al-nujaba），イマーム・アリー部隊（kata'ib al-imam 'ali），神の兵士部隊（kata'ib jund al-imam）で，その後対IS軍事作戦においてもこれらが主軸となった（Haddad 2020：37）（Abbas 2017）。

14）　PMU副長官はアブー・ムハンディスで，PMU内で絶大な権力を掌握していたため，本改正で長官の権限を強化し人民動員庁の監視官を首相府から派遣することが定められた。

15）　サーイルーンは329議席中54議席を，ファタフは48，ナスルは42，SLCは25，ワタニーヤは21，ヒクマは19議席を獲得した。

16）　イラクでは候補者の情報を紹介する選挙公報はなく，どれだけ自身のプロフィールを公開するかは候補者自身の判断に任されている。当選者は少なくとも選挙後議会名簿に最低限の情報（当選歴，所属政党・所属ブロック，年齢，出身県）が記されるため，それを利用した。またフェイスブックやツイッターなどを通じた候補者自身による広報の他，国内紙やウェブニュースなどで取り上げられたことがあれば，そこでの情報も参考にした。分析した要素はすべての候補者が挙げたものではないので，正確に実態を反映した数字となっていないのは確かであるが，あえてその社会的属性に触れたかどうか，情報をあえて公開しなかったかという点もまた，その属性を当該候補者が重視しているか否かを示す指標になりうると考えられる。なお，データ元として，議会の公式サイトに掲載された議員データ（https://ar.parliament.iq/%d8%a7%d9%84%d9%86%d9%88%d8%a7%d8%a8-2/）の他，民間機関が関連データを取りまとめたもの（マダーリク財団が運営する選挙モニターサイトhttp://www.miqpm.com/2018/）や，過去の議員履歴をアーカイブ化したもの（http://ahabobi.blogspot.com/；https://everypolitician.org/iraq/majlis/termtable/2014.html）から基本情報を収集し，加えて候補者が独自に開設したツイッター，

フェイスブックサイトを参照した。また以下のウェブニュースなどを検索して当該議員を取り上げたニュース記事などを参考にした。Al-Sharqiya（https://alsharqiya.com/ar），Al-Shafaq（https://shafaq.com/ar），Al-Sumaria（https://www.alsumaria. tv/news），Al-Furat （https: //alforatnews. com/news/iraq），Al-Mirbad（https://www.almirbad.com/），Baghdad Post（https://www.thebaghdadpost.com/index.html）.

17)　本分析の対象はアラブ地域を活動拠点とする選挙ブロックであるため，クルド民族主義政党が圧倒的な勢力を誇るクルディスタン地域およびキルクークでの当選者は，除いた。

18)　ナスルもサーイルーン以上に職業的専門家からの当選が多いが，このことは，かつてアバーディ政権がサドル潮流らの主張する党派性の排斥，テクノクラートの重用というスローガンを受けいれて，改革路線を推進したことを反映している。

19)　リスト上位の落選者には，ブロックの連立相手である共産党，市民団体の重鎮が目立つ。

20)　残り4人のうちナスルとヒクマから各1人が当選，残る2人はスンナ派のPMU出身で，スンナ派の選挙ブロックから出馬したものである。

参考文献

酒井啓子（2020）「イラク「十月革命」が目指す未来——女性・若者が切り拓く非暴力運動のゆくえ」『世界』No. 929, 146-153頁。

Abbas, Hassan（2017）*The Myth and Reality of Iraq's al-Hashd al-Shaabi (Popular Mobilization Forces) : A Way Forward*. Amman : Friedrich-Ebert-Stiftung（FES）.

Brooke, Steven（2019）*Winning Hearts and Votes : Social Services and the Islamist Political Advantage*. Ithaca : Cornell University Press.

Cammet, M. and S. Issar（2010）"Bricks and Mortar Clientelism : Sectatianism and the Logics of Welfare Allocation in Lebanon", *World Politics* 62(3) : 381-421.

Christia, F., E. Dekeyser, and D. Knox（2016）*To Karbala : Surveying Religious Shi'a from Iran and Iraq*. October 20. https://web.mit.edu/cfotini/www/Shia_Pilgrims_Survey.pdf

Cigar, Norman（2015）*Iraq's Shia Warlords and their Militias : Political and Security Challenges and Options*. Carlisle : US Army War College.

Close, D. and G. Prevost（2007）"Introduction : Transitioning from Revolutionary

Movements to Political Parties and Making the Revolution "Stick"", K. Deonandan, D. Close and G. Prevost (eds.) *From Revolutionary Movements to Political Parties : Cases from Latin America and Africa.* N.Y. : Palgrave Macmillan : 1-16.

Cockburn, Patrick (2008) *Muqtada Al-Sadr and the Battle for the Future of Iraq.* N.Y. : Scribner.

D'Cruz, Benedict Robin-. (2019) "Social Brokers and Leftist-Sadrist Cooperation in Iraq's Reform Protest Movement : beyond Instrumental Action", *International Journal of Middle Eastern Studies.* 51(2) : 257-280.

Dougherty, Beth K. (2019) *Historical Dictionary of Iraq,* third Edition, Maryland : Rowman and Littlefield.

Doyle, Damian (2018) "Pulling and Gouging : the Sadrist Line's Adaptable and Evolving Repertoire of Contention", D. Conduit and S. Akbarzadeh (eds.) *New Opposition in the Middle East.* N.Y. : Palgrave Macmillan : 41-70.

Haddad, Fanar (2018) "Understanding Iraq's Hashd al-Sha'bi : State and Power in Post-2014 Iraq", *The Century Foundation.* March 5.

Haddad, Fanar (2020) "Iraq's Popular Mobilization Units : A Hybrid Actor in a Hybrid State," *Hybrid Conflict, Hybrid Peace : How Militias and Paramilitary Groups Shape Post-Conflict Transitions.* Centre for Policy Research, United Nations University, April. https://collections.unu.edu/eserv/UNU:7631/Hybrid ConflictFullReport.pdf (2020年5月3日閲覧)

Haddad, Simon (2006) "The Origins of Popular Support for Lebanon's Hezbollah", *Studies in Conflict and Terrorism.* 29(1) : 21-34.

Harik, Judith Palmer (2005) *Hezbollah. The Changing Face of Terrorism.* London : I. B. Tauris.

Iskhan, Benjamin and Peter E. Mulherin (2020) "Shi'i division over the Iraqi State : Decentralization and the Islamic Supreme Council of Iraq", *British Journal of Middle Eastern Studies.* 47(3) : 361-380.

Khatib, L. and E. Lust (2014) *Taking to the Streets. The Transformation of Arab Activism.* Baltimore : Johns Hopkins University Press.

Knights, M., H. Malik, and A. al-Tamimi (2020) "Honored, not Contained : the Future of Iraq's Popular Mobilisation Forces", *POLICY FOCUS 163.* Washington Institute for Middle East Policy, March. https://www.washingtonin

stitute.org/policy-analysis/honored-not-contained-future-iraqs-popular-mobilization
-forces （2020年 5 月 3 日閲覧）

Krohley, Nicholas （2015） *The Death of the Mehdi Army : The Rise, Fall, and Revival of Iraq's Most Powerful Militia.* Oxford : Oxford University Press.

Mansour, Renad （2021） "Networks of power : The Popular Mobilization Forces and the State in Iraq", Chatham House, *Research Paper Middle East and North Africa Programme.* February 2021. https://www.chathamhouse.org/2021/02/networks-power （2021年 3 月10日閲覧）

Mansour, R. and F. A. Jabar （2017） *The Popular Mobilization Forces and Iraq's Future*, 28 April. https://carnegieendowment.org/files/CMEC_63_Mansour_PMF_Final_Web.pdf （2018年 8 月28日閲覧）

O'Driscoll, Dylan and D. Zoonen （2017） "The Hashd al-Shaabi and Iraq : Subnationalism and the State", *Policy Paper.* Middle East Research institute.

Rudolf, Inna （2018） *From Battlefield to Ballot Box : Contextualising the Rise and Evolution of Iraq's Popular Mobilisation Units.* The International Centre for the Study of Radicalisation （ICSR）.

Sakai, Keiko （2020） "From Sect-Based Coalition-Building to Competition for Control over Local Constituencies : Transformation of Post-2003 Electoral Blocs, 2005-2010", K. Sakai and P. Marfleet （ed.） *Iraq After the Invasion : People and Politics in a State of Conflict, 2003-2014.* Routledge : 88-109.

Saliba, Issam （2016） "Iraq : Legislating the Status of the Popular Mobilization Forces", December 7. https://www.loc.gov/law/foreign-news/article/iraq-legislating-the-status-of-the-popular-mobilization-forces/ （2018年 8 月28日閲覧）

Smith, C. and J. Singer-Emery （2019） "Servants of Two Masters : the Risks Inherent in Iraq's Hashd Al-Sha'abi Legislation", *International Law and Politics* 52(1) : 167-229.

Taha, Amir （2019） "Turning Ex-combatants into Sadrist : Explaining the Emergence of the Mahdi Army", *Middle Eastern Studies* 55(3) : 357-373

Worrall, J.,S. Mabon, and G. Clubb （2016） *Hezbollah : from Islamic Resistance to Government.* Santa Barbara and Denver : Preager.

（さかい・けいこ：千葉大学）

4

常態化する労働政治のインフォーマル・プロセス
──日韓「働き方改革」比較の視点から──

安　周永 ［龍谷大学］

1　日韓「働き方改革」の帰結の相違

　本稿の目的は，日本と韓国において，どちらも政府が企業主義的労働市場の改革を進めたにもかかわらず，日本においてはその試みが法改正として実現したのに対し，韓国においてはそれが阻止された理由を政治過程，特にナショナルセンターの戦略の違いに焦点を当てて考察することにある。日韓ともに，正社員の長時間労働および非正規労働者との格差問題が労働市場の課題であり，この問題の是正について取り組みがなされてきた。日本においては第二次安倍晋三政権が2016年以降，働き方改革を重要な国政課題として取り上げ労働法改正を進め，また韓国においては朴槿恵政権が2014年から経済再生の最重要課題として労働市場改革を掲げ推進した。改正の進め方という意味でも，日本では安倍首相を議長とする一億総活躍国民会議や働き方改革実現会議によって法案の方向性が決定され，韓国でも三者協議の場である労使政委員会での審議会協議に先立つ形で朴政権が労働市場改革の「青写真」を発表し労使の早期合意を迫っており，両国ともに内閣府や大統領府がイニシアティブを握っていた点でよく似ている。しかし，日韓とも保守政権が類似の問題意識で同時期に法改正を進めたにもかかわらず，日本においては，2018年にいわゆる「働き方改革関連法」が成立したのに対して，韓国においては，政府がナショナルセンターの韓国労働組合総連盟（以下，韓国労総）と「労働市場構造改善のための労使政

合意」を締結するところまでは漕ぎつけたものの，後に決裂し，法改正には至らなかったのである。

　労働政策が他の政策と同様に最終的に法改正を要するのは言うまでもないが，その方向性や内容は，主要先進国ではILO憲章や条約の趣旨を踏まえ，労使の当事者を含む政労使の三者協議によって決定される。日本においては中央労働基準審議会などの分野別審議会（旧労働省時代）や労働政策審議会（省庁再編以降）に労働者代表と使用者代表が参加し，調整が行われる。また韓国においても，金大中 政権期に労使政委員会が発足して，労使代表参加の下，労働政策に関する調整が行われるようになった。言わばこれが労働政策決定のフォーマル・プロセスと呼べるものである。

　しかしながら，日韓ともに従来の雇用慣行を大きく変える労働法改正が1990年代以降頻繁に進められるようになっており，激しい労使対立のため，審議会での調整は困難を窮めている。日本においては近年，労働政策審議会に先立って，内閣府の規制改革会議で労働政策の方向性が決定され，その後の労働政策審議会では労働者代表の反対意見が併記されたまま国会審議へと移ることが多くなっており，韓国においては，労使政委員会を政策の正当化の場に過ぎないと主張して脱退しているもう一つのナショナルセンターの全国民主労働組合総連盟（以下，民主労総）の反対の中で法改正が行われていた。つまり両国とも三者協議によって労働政策の方向性と内容が決定されているとは言い難く，日本においてはこのような現状が本来の労働政策過程からの逸脱であり，産業民主主義への挑戦であるという批判（中村 2006）もある。本来経べき政策過程を迂回する，あるいは迂回しようとするという意味でインフォーマル・プロセスの常態化だと言える。

　次節で詳細に検討するように，このような労働政策過程の変容を指摘する先行研究は多くあるものの，なぜこのような変化が生じているのかという点については，明確な答えは提示されていない。グローバル化の中で，労働組合の力が弱くなり，労働市場の規制緩和が進むという現象は，世界

共通で生じている。しかしながら，こうした流れの中でも各国の重要な相違は確かに存在し，その違いには注目する必要がある（Thelen 2014；Crouch and Streeck eds. 2006；Sanchez and Lazar 2019）。日本の場合，労働組合が企業別に形成されており，企業横断的な対応が必要な政策過程への影響力行使はさらに困難であるため（熊沢 2013；藤田 2017），ともすれば労働組合の構造的問題が注目されがちであるが，一方で同じように企業別労使関係の慣行を依然として持つ韓国では，政府の狙い通りに労働法改正が行われてはおらず，同じ企業別労働組合の構造の下でも日本との違いが見られるのである。以上を踏まえ本稿は，なぜ日本では三者協議による労働政策のプロセスが，いわゆる官邸主導によって代替され，働き方改革関連法の成立につながったのかを，改正が阻止された韓国との比較の視点から，ナショナルセンターの戦略に注目して検討したい。

2　規制緩和の潮流と労働政治の変容

　各国の労働組合がどのようなプロセスでどのように労働者の利益を追求するかという労働政治のあり方は，各国の政治経済にも大きな影響を与える。政治経済学においては1970年代からコーポラティズム論や権力資源動員論が盛んに議論され，労働組合が経済成長や福祉レジームに与える影響力に注目が集まった（Przeworski and Wallerstein 1982；Korpi 1978；Esping-Andersen 1985；シュミッター／レームブルッフ編 1984）。日本はヨーロッパに比べて労働組合が労働政策過程から排除されている「労働なきコーポラティズム体制」であると指摘されていたが（Pempel and Tsunekawa 1979），1980年代半ば以降，政治・経済における労働組合の役割と政治参加が注目されるようになった（伊藤 1988；稲上 1989；新川 2005：第1部）。さらには，労働政治において，利害関係者である使用者と労働者それぞれの代表が参加者として利害調整が行われ政策が決定されているという点で，日本の労働政策過程は最もコーポラティズム体制に近

いという主張もなされるようになった（久米 2005：73）。1980年代から90年代前半にかけては，労働政策が三者構成の審議会によって名実共に決定されていたという評価が定着している（ex. 篠田 1986；三浦 2007；中北 2009；中村 2006；山田 2019；戎野 2019）。

　しかし1990年代半ば以降は，政府による労働市場改革が進められるようになり，従来とは異なる形での政策決定がなされた。すなわち，合意形成型政策過程から多数派支配型政策過程への転換（三浦 2007；中北 2009），産業民主主義への挑戦（中村 2006），政策過程の政治化（山田 2019），日本型公労使三者構成スタイルに対する「横」からの入力（濱口 2014）などの表現で従来とは異なる労働政策過程の特徴が指摘されている。

　ここで考えるべき問題は，なぜこのような変化が生じたかという点である。これまでその要因として挙げられてきたのは，「規制緩和小委員会」「総合規制改革会議」といったいわゆる官邸主導の政策決定過程の創出（三浦 2007；山田 2019），「疎遠化した労使関係」による審議会方式の限界（戎野 2019），社員組合としての企業別労働組合の保守性（久本 2014），民間企業中心の労働組合と官中心の労働組合の統一（久米 2005）などであるが，これらの議論は労働政治の大事な要素である労使の権力関係というものが軽視されていると言わざるを得ない。労働政策における三者合意やコーポラティズム体制というものは，労使の権力均衡によって維持されるものであり，これは労働組合が政府と経営者側に三者合意を守らせる力がある場合にのみ可能である。政労使の三者合意が定着しているオランダにおいても，政労使関係は対立と緊張とをはらんでおり，政府の一定の歩み寄りや妥協は労働組合の大衆的動員によって達成されている（水島 2010）。つまり，三者合意体制に何らかの変化があるとすれば，労使の権力関係や労働組合の行動にも焦点を当てて分析する必要があるはずだが，この点について研究が十分に行われているとは言えないのである[1]。

　企業別労働組合が脆弱な立場に置かれている労働政策過程において，労働組合の戦略には，二つの選択が存在する（安 2013：32-35）。一つはイ

図1　政策過程における労働組合の戦略

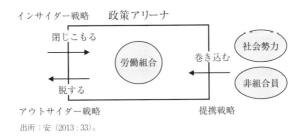

出所：安（2013：33）。

ンサイダー戦略をとるか，アウトサイダー戦略をとるかという選択であり，もう一つは提携戦略をとるか否かという選択である（図1）。前者の選択について言うと，インサイダー戦略とは，審議会内部での条件闘争や国会での協力政党を通じた影響力の行使を指し，アウトサイダー戦略とは，審議会からの脱退や大衆闘争などの方法を用いて，審議会や国会の「外」から圧力をかけることを指す。もちろんこれらの選択肢は択一的ではないが，労働組合側が不利な状況だと判断する際にはアウトサイダー戦略の比重が高くなると思われる。次に，後者の選択について見ると，提携戦略とは，大企業の正社員中心の労働組合が，その支持基盤を広げるため，非正規労働者を包摂するとともに，他の市民団体と連携することをいう。この戦略をとる場合，企業別労働組合が自らの目標や利益を第一とせず，社会全体を視野に入れた広い取り組みが必要となってくる。

　以上二つの選択によって4パターンの戦略が労働組合には想定されるが，現実的にはこのうち「インサイダー・非提携」「アウトサイダー・提携」の二つの戦略パターンが現れやすい。というのも，インサイダー戦略をとる際には，組合内部の利益実現が重視されるため，外部の社会勢力との提携や共闘は効果的でないのに対して，アウトサイダー戦略をとる場合には，社会からの支持動員が必須条件となることから，組合自らの利益のみを追求するのではなく，提携戦略を同時にとる必要があるためである。

　これを踏まえ，以下では，日韓の労働市場改革の軌跡を確認した上で，

日韓の労働組合が労働市場改革をめぐる政策過程の中で，どのように対応していたのかを分析する。

3　日韓労働市場改革の軌跡

　本節では，1990年代以降に行われた日韓の労働政策転換および安倍政権と朴政権の労働市場改革の内容について整理し，どのように働き方改革が進められたのかを検討する。

（1）　1990年代以降の労働市場改革の流れ

　90年代半ば以降，日本と韓国においては，経営者団体が労働市場慣行の改革の必要性を訴えるとともに，政府も国際競争力向上のために規制緩和を進める上で，労働市場改革が重要な課題として浮上した。これにより始まった改革は，従来の雇用慣行を大きく変えるものであり，両国とも労使が激しく対立する中で労働法改正が行われた。日本では98年と03年の労働基準法改正，99年と03年，15年の労働者派遣法改正，07年のパート労働法改正，12年の労働契約法の改正など，いずれも労働者側と経営者側は激しく対立した。韓国でも同様，98年に勤労基準法改正や労働者派遣法の制定，06年には期間制及び短時間労働者保護に関する法律（以下，期間制法）の制定や労働者派遣法の改正が行われた。

　このように始まった日本と韓国における労働市場改革には類似する点がある。まず日韓ともに労働法改正の初期段階の争点は，労働市場の規制緩和をめぐるものであった。政府と経営者側は，解雇規制や裁量労働制などの正規労働者に対する規制に加え，労働者派遣や有期雇用といった非正規雇用に関する規制についても緩和しようとした。すなわち，経営者側が正規労働者を柔軟に活用するのと同時に，非正規労働者も容易に採用可能にすることを目指した法改正であった。日本においては，98，03年の労働基準法改正，99，03年の労働者派遣法改正がそのような試みであり，韓国に

おいては，98年の勤労基準法改正と労働者派遣法制定がそれであった。

このように労働市場の規制緩和が進み，低賃金の非正規労働者が増加し，正規労働者と非正規労働者の待遇格差が顕在化したことで，次の段階である正規労働者と非正規労働者の保護，すなわち労働市場の再規制について議論されるようになった。これについてはまず，非正規労働者の雇用不安定を解消するための法改正が進められた。韓国では06年の期間制法で，有期契約が2年以上続く場合には，その契約は無期契約とみなされるようになった。また同時進行で改正された労働者派遣法によって，雇用期間が2年を超える派遣労働者については派遣先に雇用義務が発生するようになった。他方，日本においても2012年に労働契約法が改正され，有期契約が5年以上続いた場合，労働者に無期契約への転換申込権が生じるようになった。また，2015年の労働者派遣法改正では，人員の交代によって派遣労働者を継続雇用できる規制緩和が行われたのと引き換えに，教育訓練など派遣元の使用者側の責任が強化された。

しかし，これらで非正規労働者をめぐる問題は解決しきれなかった。その根本的理由は，日本と韓国はどちらも，正規労働者と非正規労働者とで賃金体系や勤務体系が異なっていることにある。すなわち，正規労働者には年功賃金が適用されるのに対して，非正規労働者には基本的に固定給が適用されており，両者には大きな格差が存在する。これでは非正規労働者の雇用保障をしたとしても，正規労働者との格差は解消されない。社会的格差が問題となる中で，非正規労働者の待遇問題は日韓とも政府の大きな課題となるに至ったのである。

（2） 安倍政権と朴政権の働き方改革

2012年に発足した第二次安倍政権は，アベノミクス第2ステージの旗印を掲げた2015年以降，こうした問題について，本格的に取り組むようになった。ただこれは安倍首相が第二次安倍内閣発足後初の衆議院本会議における所信表明演説で「世界で一番企業が活躍しやすい国を目指す」と述

べたことを考えれば，政策転換とも受け止められるものであった。安倍首相は新設の一億総活躍担当大臣に加藤勝信を任命し，また自身を議長とする私的諮問機関として一億総活躍国民会議を設置した。このような政策転換とそれを推進する組織の新設後，2016年1月22日の施政演説で「同一労働同一賃金」に初めて言及し，非正規という言葉の一掃を訴えた。同年8月3日の内閣改造直後に行われた記者会見においては，働き方改革こそが一億総活躍社会をつくるための最大のチャレンジであるとして，新たに働き方改革担当大臣を設け加藤勝信に兼務させるとともに，新設する私的諮問機関の働き方改革実現会議で具体的な実行計画を取りまとめていくと表明した。この発言を受けた9月2日には内閣官房に働き方改革実現推進室が設置され，同月27日に働き方改革実現会議が発足した。半年後の2017年3月28日には，働き方改革実行計画が決定された。

　実行計画の中身は多岐にわたっており，また大きな政策的転換が含まれていた。働き方改革のテーマとして設定されたのは，①同一労働同一賃金など非正規雇用の処遇改善，②賃金引上げと労働生産性の向上，③時間外労働の上限規制のあり方など長時間労働の是正，④雇用吸収力の高い産業への転職・再就職支援，人材育成，格差を固定化させない教育の充実，⑤テレワーク，副業・兼業等の柔軟な働き方がしやすい環境整備，⑥働き方に中立的な社会保障制度・税制など女性・若者が活躍しやすい環境整備，⑦高齢者の就業促進，⑧病気の治療，子育て・介護等と仕事の両立，障碍者就労の推進，⑨外国人材の受け入れという9つであった。また長時間労働の是正や非正規労働者の待遇改善といった規制強化のみならず，柔軟な働き方を実現するための高度プロフェッショナル制度や裁量労働制の拡大といった規制緩和も含まれており，そのため多様な論点から議論された。働き方改革実行計画の基本的考え方の部分に書かれているように，「働き方改革こそが，労働生産性を改善するための最良の手段である」という問題意識から政府は広く政策転換を目指した。

　韓国においても同様に，政権が積極的に労働市場改革を進めた。朴大統

領は就任2年目の2014年2月25日に「経済革新3か年計画」を発表したが，うち労働問題に関しては，若年者と女性の雇用率の向上，正規労働者と非正規労働者の間の賃金格差の縮小，非正規労働者の解雇要件の厳格化，労働時間短縮や定年延長などが含まれていた。これを受けて，労働政策に関して政労使で議論する経済社会発展労使政委員会（以下，労使政委員会）に「労働市場構造改善特別委員会」が同年8月19日設置され，ここでの議論を経て，同12月23日に「労働市場構造改善の原則と方針」が決定された。具体的には，①若年雇用の活性化，②労働市場の二重構造改善，③セーフティネットの拡充，④通常賃金の明確化，労働時間短縮，定年延長のための賃金制度の改善といった諸課題の解決，⑤労使政のパートナーシップの構築という5項目である。合意1週間後の同月29日には政府が「非正規職総合対策：非正規職待遇改善と労働市場活力向上方案」を発表した。主な内容は，①労働者間格差を縮小するための制度と慣行の改善，②企業の正規労働者採用拡大と正規労働者への転換機会向上のための措置，③賃金体系の年功賃金的要素を緩和し職務・成果を中心に置く賃金体系の改編の3点である。政府はこの発表とともに，翌2015年3月までに労使政委員会での合意を経て，それを基にこの対策を修正・補足すると表明した。すなわち実質3か月以内での労使合意を求めたのである。このように日韓労働市場改革は，強固な支持基盤を持つ保守政権によって推進されており，その内容も非正規労働者の待遇改善の一方で，柔軟な働き方の導入による生産性の向上を目指しているという点で近似していることが確認できる。

　こうした日韓の政策は，概して経営者側が望む方向性の内容と言えた（久原 2018；浅倉 2020；竹信 2019；伊藤 2020；李秉勳 2016；盧重琦 2020：第4章）。これを反映するように，政労使の合意内容については両国とも労働組合内部から強い異論が出された。日本労働組合総連合会（以下，連合）の執行部は当初，労働時間の上限設定と引き換えに，高度プロフェッショナル制度の導入や裁量労働制の拡大に関しては受け入れる構えを見せたが，これに対する抗議デモが連合会館前で行われ，結局傘下組織

の反発という形で執行部はこの方針を断念することになった。一方，韓国においても労使政委員会での合意文が承認された韓国労総の中央執行委員会において，反対する執行委員の１人が焼身自殺を試み，会議が一時中断される衝撃的な事態となった（李相昊 2015：94-95）。このように日韓とも政労使の交渉に参加したナショナルセンターの方針への反発は大きく，そもそもここまでの交渉自体が，労働組合にとって有利なものではなかったこともうかがえる。

4 働き方改革をめぐる審議会での対立

先述したように，労働政策の方向性は，日韓とも政労使の審議会で議論される。日本では省庁再編以降，労働政策審議会（以下，労政審）が，厚生労働大臣の諮問に応じて，労働政策に関する重要事項の調査審議を行うとともに意見を述べることになっている（厚生労働省設置法第９条）。審議会は公益代表，労働者代表，使用者代表各10人が厚労大臣により委員に任命され，委員の３分の２以上または公労使各委員の３分の１以上が出席しなければ，開会および議決できないため（労働政策審議会令第９条），事実上労使に拒否権が保障されている。ただそれゆえに，労政審に先立ち，内閣府の規制改革会議であらかじめ議題設定がなされることが多くなっている。一方，韓国における政労使協議の形式のルーツは，1996年発足の「労使関係改革委員会」に遡る。これは金泳三政権が「新労使関係構想」を実現すべく，労働組合の同意を取り付けるため設置したものであるが，これ以降，韓国でも政府が労働者側の政策合意を求めるようになった。続く金大中政権が発足させた「労使政委員会」が，現在の三者協議の原型である。労使政委員会は大統領の諮問機関であり，重要な労働政策を審議するが，日本と異なるのは，労使同数の委員および公益委員に加え，政府の代表として雇用労働部長官（日本の旧労働大臣に相当）と企画財政部長官（同財務大臣に相当）が参加している点で，文字通り政労使協議の場とい

う側面がある。このように日韓で形式はやや異なるものの，労使の労働政策への参加が制度上保障されている点は同様である。

しかし近年，これを迂回しようとする日韓政府の動きが強くなっており，本稿が対象とする日本と韓国の労働市場改革にもそれが顕著に見られている。先述したように，日本の働き方改革においては，働き方改革実現会議（以下，実現会議）が，労政審に先立ち重要な政策過程となった。実現会議には，連合の神津里季生会長がメンバーとして参加したものの，企業経営者は7人が入っており，三者協議とは言えない状況であった。一方韓国においても，労使政委員会での審議会協議に先立つ形で朴政権が労働市場改革の方向性を発表し労使の早期合意を迫っていた。以下では，日韓とも従来の審議会が形骸化する中でどのように政労使が議論し，またどのように労働組合が対応したかをそれぞれ整理する。

（1）　日本

日本の一連の働き方改革の中で主な争点となった，①非正規労働の待遇改善，②労働時間の上限設定，③高度プロフェッショナル制度創設や裁量労働制拡大など労働時間の柔軟化という3点の審議過程を詳しく整理したい。

第一に，非正規労働の待遇改善については，厚生労働省に「同一労働同一賃金の実現のための検討会」（以下，検討会）が作られ，2016年3月23日に初回会議が開かれた。今回に限らず厚生労働省内では学者らを中心とした検討会が開かれ，その議論を踏まえて審議会での労使の調整も行われることも多いため，検討会の設置自体は，慣例通りであったとも言える。ただ，非正規労働者待遇改善のガイドラインを作る目的で本来設置されたこの検討会の中間報告書（同年12月16日）には「ガイドラインの制定・発効にあたっては，適切な検討プロセスを経ることが望ましい[6]」との文言が含まれている。これは，政権が望むガイドラインの作成に対し，法改正が先行すべきであるとの理由で難色を示したメンバーの存在を反映しており，

いわば「学者の反乱」ともとれるものであった（澤路・千葉・贅川 2019：51-57）。検討会が行われている最中の9月26日に実現会議が首相の私的諮問機関として設置されたが，検討会の中間報告提出直後の12月20日に行われた実現会議には，早くも「政府のガイドライン案の提示」が議事として提出された。検討会でガイドライン作成が断念された一方，実現会議がガイドラインを作成したという経緯からすれば，私的諮問機関である実現会議の決定や判断の方が優越していると考えてよい（緒方 2018：172）。

　ここで争点となったのは，同一労働同一賃金と従来の日本型雇用慣行との関係である。これまで政府は，雇用慣行にはメンバーシップ型の雇用形態が多く，賃金体系は職能給と勤続給両方の要素が含まれているため，同一労働同一賃金を義務付けることはできないという立場を示してきた（岡崎 2018：184）。しかし，今回提示された新しい働き方は，従来の雇用慣行に配慮しつつ同一労働同一賃金の実現を目指すというものであり，欧米において定着している職務給を前提とした同一労働同一賃金とは程遠いものである。したがって従来の雇用慣行を大きく変えない範囲で，非正規労働問題の改善策を示すという思惑が一致し，この点について労使が対立することはあまりなかった。

　第二が，労働時間の上限設定に関する議論である。日本の法定労働時間は週40時間となっているものの，労使協定による超過労働時間が認められているため，事実上労働時間規制はないのと同然であると長く指摘されてきた。これを是正すべく労働時間に上限規制を設ける議論は第6回の実現会議（2017年2月1日）で行われたが，すでに前年9月1日に政府から「時間外労働の限度を設ける場合の考え方」が提示され，いわゆる官邸主導による労使交渉は始まっていた（澤路・千葉・贅川 2019：72）。経営者側は，労働時間の上限規制自体に強く反対していたが，2016年10月7日に大手広告代理店・電通の新入社員の母親が娘の自殺について長時間労働による労災として認められたことを記者会見で公表してから，議論は急展開

した。経団連の輪島忍労働法制本部長が，この件で状況が一変したと述べたほど（澤路・千葉・贄川 2019：74），世論や政府内の雰囲気を大きく変えることになり，この点で連合は有利な立場で交渉に臨めることになった。実現会議では超過労働時間を月45時間，年間360時間を限度とすることが決定されたが，最大の争点は特別条項である繁忙期の月100時間までの超過労働をめぐる点であった。この水準は，月80時間という労災認定の過労死ラインを大きく上回る数字であり，上限規制の有効性が疑われるものであった。連合の神津会長は，6回目の実現会議の席上「月100時間はあり得ない」と発言し，繁忙期の月100時間「以下」か，「未満」かが争点となった。結局のところ，連合の100時間未満という要求が受け入れられる形で，2017年3月13日に経団連と連合の間に「時間外労働の上限規制等に関する労使合意」が作成され，これが働き方改革実行計画にも反映された。

　第三が，高度プロフェッショナル制度についてである。労働時間の上限規制が具体化してから，大手ITコンサル・フューチャー株式会社の金丸恭文会長を中心とした実現会議の経営者側メンバーは，労働時間の上限設定とセットでの高度プロフェッショナル（以下，高プロ）制度創設と裁量労働制見直しを求めた。実現会議では実質的な議論が行われなかったものの，実行計画にはこれらの早期実現を図ると明確に記された。高プロ制度については，労政審で2015年に審議されたものの，労働者代表委員が導入に反対していたものであり，同じく裁量労働制の拡大についても反対していた。ところが，連合はこれらについて2017年7月13日に安倍首相との会談で修正を要請するなど，政労使合意に向けた取り組みを図り，制度の導入を事実上容認するかに見られたため，新聞各紙も翌14日に連合の高プロ制度容認を報じた。連合執行部は「現行案で強行されるより労働者の利益にかなう」という判断をしていたが（日本経済新聞 2017年7月14日），この執行部の方針に対し，傘下組織から批判が噴出した。結局，早くも同月25日に連合は高プロ制度の容認を撤回して，政労使合意を見送り，翌8月25日の中央執行委員会で高プロ制度の導入に反対する方針を正式に決定し

た。しかし，労政審では，高プロ制度を含む働き方改革実行計画が基と
なった案が議論された。結局9月15日の労政審で高プロ制度について「長
時間労働を助長する恐れが払拭されておらず，実施すべきではない」とい
う労働者代表の反対意見が併記されたものの，働き方改革関連法案につい
ては「概ね妥当」との結論でまとめられた。

　以上のように，同一労働同一賃金と労働時間規制をめぐっては，実現会
議で実質的な協議が行われ，同一労働同一賃金よりも労働時間設定をめぐ
る労使対立となったが，働き方改革自体は追認するだけの形となった。こ
の過程で連合は，100時間未満か以下かの文言をめぐる条件闘争に拘り，
これを引き換えに高プロ容認の可能性も示した。このような連合の姿勢は，
本稿でいうインサイダー戦略にあたるものである。

（2）　韓国

　先述したように，韓国においては政府が労使政委員会での議論に先立っ
て，議題設定しつつ，早急な労使合意を促した。しかし，政府が期限とし
た2015年3月までに労使政委員会が合意案を出せるような状況にはなく，
同年3月17日に重要争点を集中的に議論するために労働者側・使用者側・
公益・政府を代表する4人と専門家4人から成る「8人円卓会議」が設け
られた。ただやはりここでも議論がまとまらず，4月8日に韓国労総は，
断固受け入れがたい5項目（非正規労働者の使用期間の延長と派遣業務対
象の拡大，休日延長労働の段階的施行及び追加延長許容，賃金ピーク制の
義務化，賃金体系の再編，通常解雇及び就業規則の不利益変更の要件緩
和）を提示し，労使政委員会からの脱退を表明した。これ以降，委員会の
「場外」で世論の支持を引きつけるための労働組合の多様な取り組みが行
われた。本稿でいうアウトサイダー戦略の選択である。民主労総は同月24
日に政府の労働市場の構造改善案の撤回を要求し，ゼネストを行った。ま
た韓国労総は，6月15日から傘下組織ごとにゼネストの可否に関する投票
を行い，組合員77.2万人のうち，投票に参加した44.3万人中39.7万人の賛

成を得て，ゼネスト決行に踏み切った（李相昊 2015：78）。7月13日から
は金東萬委員長自らも国会前の座り込みデモを始めた。

　これに対して朴政権は，「労働市場改革第1次推進方案」を6月17日に
発表し，労働組合側に圧力をかけた。その主な内容は，①世代間の共生雇
用の促進，②発注元・下請け間の共生・協力の支援，③非正規職等の脆弱
労働者の保護強化，④通常賃金・労働時間短縮などの不確実性の解消，⑤
不合理な慣行の改善及び労使政対話の活性化という5つの方針であり，特
に若年雇用の拡大と非正規労働者の保護を政府として強く打ち出した。た
だし引き換えとして，定年延長に伴う年功賃金制緩和の賃金ピーク制や成
果給制の導入も含まれた。これ以降，朴大統領と与党セヌリ党の金武星代
表は，連日労働市場改革の必要性を国民に訴えた（ハンギョレ新聞 2015
年7月22日）。7月21日の国務会議で朴大統領は，若者たちによい働き口
を与えるため，経済活性化の努力とともに労働市場の構造改革を必ず実現
しなければならないと発言し，翌日の新聞各紙には，労働市場改革に関す
る記事が掲載されるなど，労働市場改革は同年下半期の政策争点になるも
のと展望されていた（東亜日報；ソウル新聞；朝鮮日報 2015年7月22日）。
また朴政権は同27日に，財界と協力して2017年までに20万人以上の若年層
の雇用創出を目指す「青年雇用の『絶壁』解消の総合対策」を発表し，若
者の雇用拡大への政府の取り組みと，労働市場改革の必要性を再び訴えた。
翌8月6日にも朴大統領は就任後4回目となる国民談話を発表し，賃金
ピーク制など労働市場改革の重要性を再強調した。このように政府による
労働組合への圧力が高まったのを受け，8月18日に韓国労総は労使政委員
会への復帰を決定した。

　これにより労使政委員会での交渉が再開され，9月13日に「労働市場構
造改善のための労使政合意」が発表された。ここでの暫定合意案の内容は，
①労使政の協力を通じた若年雇用の活性化，②労働市場の二重構造の改善，
③セーフティネットの拡充，④通常賃金の明確化，労働時間短縮に向けた
法整備，定年延長に向けた賃金体系の改善という三大課題への取り組み，

⑤合意事項の履行と拡散であった。ただ16頁にもわたる合意文には，労働市場の不確実性を解消するための措置や非正規労働者の待遇格差是正，労働市場活性化のための労働市場の二重構造改善などが含まれていたものの，有期契約や派遣労働の拡大，解雇に関する基準と手続きの明確化などについては依然として合意されていなかった。翌14日に韓国労総の中央執行委員会でこの案について議論がなされ，執行委員が席上，焼身自殺を図るなど一部の傘下組織から激しい反発はあったものの，賛成多数で可決された。これを受け翌15日に労使政委員会は本会議を開き，「労働市場構造改善のための労使政合意」を決定し，発表した。このように韓国では，アウトサイダー戦略をとり続ける民主労総のみならず，協調主義的である韓国労総も一度それを選択した上で復帰したことが確認できる。

5 働き方改革をめぐる国会での対立

日韓ともに政労使合意をめぐり，労働組合側が激しい内部対立を経て反対意見を提示はしたものの，法案として結局まとめられ，国会に提出された。ここで両国とも国会での審議が重要になったと言える。本節ではそれぞれの過程と労働組合の対応を整理する。

（1）　日本
先述したように，2017年9月15日に労政審で建議が行われ，これを踏まえ厚生労働省は法案の作成を進めた。政府は同28日から予定されていた臨時国会の最重要課題として働き方改革関連法案を取り上げ，審議がなされる予定であったが，安倍首相は消費増税の信を問うべきなどとし，臨時国会冒頭で衆議院解散を決断したため，法案提出は先送りされた。この総選挙で再び圧勝した安倍首相は，翌2018年1月22日に始まった通常国会の施政方針演説でも働き方改革を同国会の最重要法案の一つとして位置付け，政府提出法案として国会に提出した。働き方改革関連法案は8本の法律

（労働基準法，労働安全衛生法，労働時間等の設定の改善に関する特別措置法，じん肺法，雇用対策法，労働契約法，短時間労働者の雇用管理の改善等に関する法律，労働者派遣法）の改正を含み多岐にわたっていたが，国会での争点は，連合が反対していた高プロ制度の導入と裁量労働制の拡大となった。裁量労働制の拡大と高プロ制度の導入は，第189回通常国会で2015年4月3日に一度提出されたものであり，さらに遡れば第一次安倍政権時代の06年に「ホワイトカラー・エグゼンプション」として労働時間規制の適用除外が本格的に試みられた，いわばその攻防の延長線上にある。これらは長時間労働を助長し過労死を増やすという労働者側の激しい批判があったため，法案提出断念や，提出されても審議入りできずに継続審議となってきた。その試みがこの働き方改革関連法案で，最重要争点として再び議論されるようになったのである。

　連合の協力政党である立憲民主党と国民民主党を中心とする野党側は，高プロ制度や裁量労働制の拡大を，いわば「残業代ゼロ法案」だとして批判し，働き方関連法案から分離するよう求めていたが，安倍首相は「高プロ制度の創設，裁量労働制の見直しや時間外労働の上限規制は，いずれも健康を確保しつつ，誰もがその能力を発揮できる柔軟な労働制度へと改革するものである[7]」として拒否した。安倍首相はさらに2018年1月29日の衆議院予算委員会で「厚生労働省の調査によれば，裁量労働制で働く方の労働時間の長さは，平均的な方で比べれば一般労働者よりも短いというデータもある[8]」と発言し，裁量労働制の拡大が労働時間を短くするという認識を示して，柔軟な労働市場への改革の必要性を訴えた。しかし程なく，一般労働者と裁量労働者の労働時間の比較において異なる性質のデータの比較や調査に異常値があることなど，議論の前提となるデータに不備があることが明らかになった。安倍首相は2月14日の衆議院予算委員会で「1月29日の本委員会における私の答弁は撤回をするとともに，おわびを申し上げたい[9]」と陳謝したが，裁量労働制のデータ再調査や法案撤回要求は拒み，裁量労働制の拡大を含んだ働き方改革関連法案の成立を引き続き目指した。

しかしこの問題に対する世論が悪化するにつれ，与党自民党内部や公明党からも反対意見が出て，同月28日に安倍首相は裁量労働制に関する実態調査の実施とともに裁量労働制拡大の断念を表明した（毎日新聞 2018年3月1日）。

これにより，労働時間の規制緩和については，高プロ制度が主な争点となった。旧民進党勢力をはじめ野党側は，高プロ制度の導入にも反対していた。また「全国過労死を考える家族の会」や日本労働弁護団も高プロ制度は「過労死促進法」だと批判し反対したが[10)]，これについても，政権側は「自分のペースで仕事ができるようにするための改革だ」という理由で退けた。結局，連立与党の自民党，公明党と保守系の日本維新の会，希望の党の4党で法案修正協議が行われ，制度に労働者本人の意思をさらに尊重する措置が付け加えられた。この修正案が可決されることになり，高プロ制度の導入が決まった。

連合は法案成立後，高プロ制度の創設については極めて遺憾であるとしながらも，罰則付きの時間外労働の上限規制や同一労働同一賃金の法整備などが実現する点は評価するという事務局長名義の談話を発表した[11)]。一方，労政審に参加していない全国労働組合総連合会（以下，全労連）は，高プロ制度のみならず，連合が高く評価する労働時間の上限規制もさらに引き下げるべきであり，また同一労働同一賃金についても，正規と非正規の賃金格差を黙認するものだとして，直ちに改正すべきと批判した[12)]。連合の肯定的な評価については，インサイダー戦略に拘り，また提携戦略をとらなかったがゆえと受け止められるであろう。

（2）　韓国

労使政合意が発表された翌日の2015年9月14日，与党セヌリ党は政府と協議し，翌々日16日の議員総会で，労働改革関連5法案（勤労基準法，労働者派遣法，雇用保険法，労災法，期間制法）に関する党論を決定し，改正法案を発議した。ただし，セヌリ党の改正案には，労使政委員会での合

意で「今後の課題」とされていたものまで含まれていた。特に労働組合が反対していたのは，①有期雇用契約の期限が現行 2 年までとなっているものを本人が希望する場合に 4 年まで延長できること，②製造業の一部工程における派遣労働の許容，③労働時間の上限規制について特例で週 8 時間を認め，労働時間を週60時間まで可能とする措置，④60歳までの定年延長に対応するための賃金ピーク制の導入であった（盧光杓 2016：8-11）。

　いずれの措置も日本においてはすでに導入されているものか，あるいは日本より厳しい規制の内容を含んでいるが，韓国労総はこのセヌリ党の法案に対して強く反発した。民主労総はもともと労使政委員会から脱退しており，韓国労総と政府との合意案についても強く批判し，法改正を阻止するため闘争すると表明していたが，それより協調主義的であると評価される韓国労総も，セヌリ党が労働法改正案を発議した翌17日には政府与党の 5 大立法が明確な合意違反であるという声明を発表した。

　このように労働組合が激しく反対する状況下で，政府と与党は同年11月上旬までに労使政委員会で合意し国会の審議に反映させると表明したが，韓国労総は，さらなる時間が必要であると反対していたため，労使政委員会での交渉に進展はなかった。一方，民主労総は，ゼネストやデモを行い，政府に激しく抵抗した。 9 月23日に経営者団体の反対を受ける中で労働法改正に反対するゼネストを行ったほか，11月14日には52の市民団体と連携し，政府の労働市場改革の阻止だけではなく，朴槿恵政権の退陣を求めるデモを行った。本稿でいう提携戦略をとる選択である。このデモを主導したことで，民主労総の韓相均 [ハンサンギュン] 委員長は翌12月10日逮捕された。こうした中で協力政党であり最大野党の「ともに民主党」（12月28日改称）も，与党の労働法改正の試みに徹底抗戦せざるを得なくなり，12月 9 日に終わった通常国会での法案成立は阻止された[13]。しかし，セヌリ党は労働法改正を年内に達成するために臨時国会の開催を要求し，同月12日から 1 か月間臨時国会が開かれることとなった。民主労総は，委員長が身柄拘束されている中でも同月16日に第 4 次ゼネストを行い，19日には再び52の市民団体と

ともにデモを行った。

　朴政権は，労働組合や労使政委員会だけではなく，国会議長にも迅速な法改正を迫っていた。2012年に制定された国会先進化法により，与野党が対立する法律案については国会占有議席の6割，すなわち180人以上の賛成によって迅速処理案件として票決できるが，156議席に止まるセヌリ党[14]が，野党の反対の中で労働法改正を行うには，最大330日が必要と考えられた。これを迂回する方法として，政府とセヌリ党は自党出身の鄭義和^{チョンウィファ}国会議長[15]に職権上程を提案し，法案成立を目指す執念を見せた。天災，戦時・事変又はこれに準ずる国家非常事態か20議席以上の全政党の代表が合意した場合に限って議長の職権上程ができるが，大統領府とセヌリ党は前者による職権上程をさせ，過半数での迅速な法案成立を目指したのである。

　しかし鄭議長は，国家非常事態にはあたらないという理由でこれを拒んだ。なお同時期に争点となったテロ防止法については議長が職権上程を受け入れ，与党が法改正に成功したことを考えると，個別の法律に関する判断がなされた上での拒否であったと言える。焦りを見せる朴政権は，翌2016年1月13日に有期契約の期限延長については先送りし，労働者派遣法改正のみを大統領談話で発表し，労働法改正を進めようとした。このような譲歩でもなお，労働組合側は改正に強硬な姿勢を崩さず，韓国労総は同月19日に労使政合意の「破綻」を宣言した。委員会復帰以降，インサイダー戦略をとり，政府との交渉に拘っていた韓国労総の離脱によって，労働法改正のハードルはさらに高くなったのである。そのためこの政府の譲歩にもかかわらず，労働法改正は結局行われず，会期の終了に伴い法案は自動廃棄された。

6　労働市場改革をめぐる労働政治のダイナミズム

　日本と韓国は，ともに長時間労働と非正規労働者の待遇問題の原因とされる企業主義的労働市場の慣行が課題となっており，その改革をめぐる労

働政治が今日展開されている。使用者側からは，正規労働者に対する手厚い保護や硬直的な年功賃金制度が問題とされているのに対して，労働者側からは安易な非正規労働の規制緩和と非正規労働者の低待遇が問題として指摘されている。労働市場の二重構造の改善については労使双方に了解があるものの，その解決策に関しては激しく対立している状況である。日韓とも政府は，経営者側の要求を受け入れる形で，より規制緩和に重点を置いて労働市場の改革を進めたため，労働組合は一段と脆弱な権力関係の中で交渉に臨むようになった。同時に三者協議を前提とするはずの労働政策過程も変容し，形骸化している[16]。

　本稿で見てきたように，日韓のナショナルセンターは異なる戦略をとっていた。日本の連合は，交渉の場に着いて条件闘争を中心に行い，他の労働団体，労働弁護団や過労死遺族会の批判を受ける内容であったものの，政府案に妥協した。一方韓国では，労使政委員会から脱退している民主労総は言うまでもなく，韓国労総も労使政委員会からの脱退と復帰を行い，審議会の「外」からも圧力をかける戦略をとった。また民主労総はこのような対応への社会の支持を高めるために，他の社会勢力との提携にも積極的に取り組んだ。第2節での説明を用いれば，日本では「インサイダー・非提携」戦略がとられたのに対して，韓国では「アウトサイダー・提携」戦略がとられたのである。連合は，内部の反対や他の団体からの批判を受けながらも，インサイダー戦略をとり，法改正に至るまで結果的に協力した。これに対して，韓国では，民主労総と韓国労総が労使政委員会での交渉に拘らず，デモやゼネストを行い，政府案への妥協よりも頓挫させる方を最終的に選択した。両国とも政府が積極的に労働法改正を試みたにもかかわらず，こうした労働組合の戦略の違いは，両国の労働法改正の成否を左右する要因となった[17]。

　こうした結果から，労働組合の抱えるジレンマも確認することができる。すなわち交渉のアリーナに入れば政権のペースに巻き込まれるのに対して，交渉のアリーナに入らなければ何も得られないというジレンマである。日

本の連合が，何も得られないのを恐れて政権のペースに巻き込まれる懸念を受け入れたとすれば，韓国の民主労総と韓国労総は，仮に何も得られなくなっても政権のペースに巻き込まれるのを回避しようとしたのである。当然ながらこの戦略に関する評価は大きく異なる。日本においては，連合が労働時間の上限規制の設定や非正規労働者の待遇改善に関する法律の整備を肯定的に評価する一方で，全労連は働き方改革関連法について厳しく批判している。韓国においては，保守政権の強引な労働政策への批判の一方で，労働者保護を引き出せなかった労働組合の戦略も失敗だとする見解もある（李秉勲 2016）。これらは，日韓それぞれの文脈から今回の働き方改革に関する多様な見方が可能であることを示唆しているが，本稿では日韓比較の文脈から労働市場政策の帰結の相違を分析するに止めておきたい。

　最後に年報のテーマである「インフォーマルな政治制度とガバナンス」との関連で強調したいのは，フォーマル・プロセスであるとされてきた三者協議の労働政策過程は，協調による合意のプロセスを制度化した静態的なものではなく，むしろ対立と協調とが交錯するダイナミックなものだという点である。労働組合が世界的に弱くなっている中で，そのダイナミズムと労働組合の対応が，今後の労働政策過程の変容やインフォーマル・プロセスの常態化を左右していくであろう。[18]

〈謝辞〉

　本稿は，JSPS科研費20K01490，20H01457，20H01605，20K01474の助成を受けたものである。また，2019年12月14日に龍谷大学にて開催された「日韓『働き方改革』フォーラム」（横田・脇田・和田編 2021）の登壇者及び参加者から本稿の問題意識を具体化するための示唆を得るとともに，匿名の査読者より有益なコメントをいただいた。記してお礼を申し上げる。

注

1）　多くの労働法研究者が指摘しているように，戦後しばらく日本では労働立法がほとんど行われず，最高裁判所により重要な判例法理が形成されていた「判例の時

代」であり，1980年代から産業構造や労働市場の変化に対応して，労働立法が活発に行われるようになった（荒木 2017；菅野 2017；和田 2018）。

2 ）　90年代以降のそれぞれの労働法改正には総じて規制と再規制の両面が併存しているのは確かであるが，本稿では労働法改正全般の潮流を念頭に置いて，規制緩和と再規制の語を用いる。

3 ）　2018年 6 月12日に「経済社会発展労使政委員会」から「経済社会発展労働委員会」へと名称が変わるが，長らく労使政委員会で呼称されてきたため，本稿でも略称はそれに統一する。

4 ）　韓国政策ブリーフィングのホームページ　https://www.korea.kr/news/policy NewsView.do?newsId=148789156（2020年10月31日アクセス）

5 ）　韓国では2016年12月 6 日に朴槿恵大統領の弾劾開始が国会で可決され，翌年に罷免されたのを受けた 5 月の大統領選挙で野党「ともに民主党」の文在寅が当選し，保守政権からの政権交代が生じた。このため，日韓の労働法改正の違いを政権基盤の強弱から説明できる見解もありうるが，当時韓国も日本と同じく最大野党が分裂・内紛状態にあり，2016年 4 月の国会議員選挙で当初，与党セヌリ党の大勝が予想されていたことからも分かる通り，朴政権の労働市場改革の失敗は，強い政権基盤の下で生じており，この要因で説明できない。朴大統領の弾劾と保守政党の凋落の過程については，安（2017）を参照されたい。

6 ）　「同一労働同一賃金の実現に向けた検討会　中間報告」3 頁。https://www. mhlw.go.jp/file/05-Shingikai-11601000-Shokugyouanteikyoku-Soumuka/0000146064. pdf（2020年10月30日アクセス）

7 ）　国会会議録検索システム「参議院本会議　第 3 号　平成30年 1 月26日　国務大臣の演説に関する件（第三日）」8 頁。

8 ）　国会会議録検索システム「衆議院予算委員会　第 2 号　平成30年 1 月29日」27頁。

9 ）　国会会議録検索システム「衆議院予算委員会　第11号　平成30年 2 月14日」7 頁。

10）　日本労働弁護団「労働時間規制を破壊し働かせ放題の『高プロ』導入に反対する緊急声明」http://roudou-bengodan.org/topics/6958/（2020年10月19日アクセス）

11）　連合のホームページ　https://www.jtuc-rengo.or.jp/digestnews/%E4%BA%8B% E5%8B%99%E5%B1%80%E9%95%B7%E8%AB%87%E8%A9%B1/5017（2020年10月 1 日アクセス）

12）　全労連のホームページ　https://www.zenroren.gr.jp/jp/opinion/2018/opinion 180629_01.html（2020年10月 1 日アクセス）

13）　韓国における政党と社会運動との関係を日本との比較の視点から分析したものに

ついては，安（2019）を参照されたい。

14) 迅速処理案件の制度はいわゆる「国会先進化法」という国会法の改正により導入
   された。国会先進化法は，多数党単独による法案処理を防ぐために，国会議長の持
   つ職権上程の裁量を制限するとともに，与野党対立による法案審議遅延を防ぐため
   の迅速処理案件制度を含んでいる。迅速処理案件に指定されると330日以内に採決
   されることとなるが，逆に野党側はこれを援用して330日間法案採決を止めること
   ができるとも言える。

15) 韓国では，議長となるためには党籍を持つことができないと国会法で定められて
   いるため，国会議長になる直前に離党するのが慣例となっている。

16) 日本においては，2016年7月26日に「働き方に関する政策決定プロセス有識者会
   議」が厚生労働省に設置され，全5回の議論を経て同12月14日に報告書が出された。
   その提案を受け，厚労省は労働政策審議会直属の部会として労働政策基本部会を設
   置した。この部会は公益委員のみで構成され，中長期的な労働政策の課題を議論す
   るものであり，三者協議の政策過程の迂回がいよいよ制度化したものだと言える。

17) 日韓の政治過程の比較研究を行う際には，国家と市民社会の関係（磯崎 2008），
   執政制度や選挙制度などの政治制度（康・浅羽・高編 2015），大統領と与党との関
   係（浅羽 2010），政党システムと政党組織（Lye and Hofmeister eds. 2011）など
   も考慮すべき要因である。ただし本稿は，紙幅の制約に加え，主眼を三者協議が前
   提である労働政策過程の形骸化に置くため，政労使間の関係と労働組合の対応を中
   心とした分析を行った。他の要因を検討し，本稿の分析を日韓比較政治全体の文脈
   に位置付ける作業は今後の課題としたい。

18) 不安定労働をめぐる労働政治に関する研究は，安（2021）を参照されたい。

参考文献

〈日本語〉

浅倉むつ子（2020）「安倍政権下の『働き方改革関連法』の批判的分析」『経済』293号，
   74-94頁。

浅羽祐樹（2010）「韓国の大統領制──強い大統領と弱い政府の間」粕谷裕子編『アジ
   アにおける大統領の比較政治学──憲法構造と政党政治からのアプローチ』ミネ
   ルヴァ書房。

荒木尚志（2017）「働き方改革時代の労働法制の動向と展望」『司法研修所論集』127号，
   1 -49頁。

安周永（2013）『日韓企業主義的雇用政策の分岐──権力資源動員論からみた労働組合

の戦略』ミネルヴァ書房。

安周永（2017）「【韓国】刷新の失敗と保守政党の凋落——朴槿恵退陣後の漂流する自由韓国党」阪野智一・近藤正基編『刷新する保守——保守政党の国際比較』弘文堂。

安周永（2019）「なぜ日本のリベラル政党は低迷しているのか？——韓国との比較の視点から」『龍谷政策論集』第8巻1・2合併号，1-16頁。

安周永（2021）「拡大するプラットフォーム労働と岐路に立つ労働政治——日韓，欧米の労働組合動向比較」『龍谷政策学論集』第10巻2号，11-25頁。

磯崎典世（2008）「体制移行の政治」新川敏光・大西裕編『日本・韓国』ミネルヴァ書房。

伊藤圭一（2020）「労働法制はどうなってきたか」基礎経済科学研究所東京支部編『労働組合をどうする——その強化への挑戦』本の泉社。

伊藤光利（1988）「大企業労使連合の形成」『レヴァイアサン』2号，53-70頁。

稲上毅（1989）『転換期の労働世界』有信堂。

戎野淑子（2019）「働き方改革関連法の審議と労使関係——労働時間法制について」『日本労働研究雑誌』702号，63-74頁。

岡崎淳一（2018）『働き方改革のすべて』日本経済新聞出版。

緒方桂子（2018）「人口減少社会と非正規労働政策——『同一労働同一賃金』政策をめぐって」『土地総合研究』第26巻1号，170-182頁。

康元澤・浅羽祐樹・高選圭編（2015）『日韓政治制度比較』慶應義塾大学出版会。

久原穏（2018）『「働き方改革」の嘘——誰が得をして，誰が苦しむのか』集英社。

熊沢誠（2013）『労働組合運動とはなにか——絆のある働き方をもとめて』岩波書店。

久米郁男（2005）『労働政治——戦後政治のなかの労働組合』中央公論新社。

澤路毅彦・千葉卓朗・贄川俊（2019）『ドキュメント「働き方改革」』旬報社。

篠田徹（1986）「審議会」中野実編『日本型政策決定の変容』東洋経済新報社。

シュミッター／レームブルッフ編・山口定監訳（1984）『現代コーポラティズム——団体統合主義の政治とその理論』木鐸社。

新川敏光（2005）『日本型福祉レジームの発展と変容』ミネルヴァ書房。

菅野和夫（2017）「労働政策の時代に思うこと」『日本労働法学会誌』130号，3-16頁。

竹信三恵子（2019）『企業ファースト化する日本——虚妄の「働き方改革」を問う』岩波書店。

中北浩爾（2009）「日本の労働政治」新川敏光・篠田徹編『労働と福祉国家の可能性——労働運動再生の国際比較』ミネルヴァ書房。

中村圭介（2006）「改革の中の逸脱――労働政策」東京大学社会科学研究所編『「失われた10年」を超えてⅡ――小泉改革への時代』東京大学出版会。

濱口桂一郎（2014）「労働政策過程をどう評価するか」『季刊労働法』245号，70-87頁。

久本憲夫（2014）「政労使会議による賃上げ――労使関係論の視点からどう評価するか」『季刊労働法』245号，2 -15頁。

藤田実（2017）『戦後日本の労使関係――戦後技術革新と労使関係の変化』大月書店。

三浦まり（2007）「小泉政権と労働政治の変容――『多数派支配型』の政策過程の出現」『年報行政研究』42号，100-122頁。

水島治郎（2010）「オランダ」労働政策研究・研修機構編『政労使三者構成の政策検討に係る制度・慣行に関する調査』（JILPT資料シリーズNo.67）労働政策研究・研修機構，39-49頁。

山田久（2019）「労働政策過程の変容と労働組合」『日本労働研究雑誌』710号，16-27頁。

横田伸子・脇田滋・和田肇編（2021）『「働き方改革」の達成と限界――日本と韓国の軌跡をみつめて』関西学院大学出版会。

和田肇（2018）「労働政策立法学構想の覚書」『労働法律旬報』1920号，46-54頁。

〈韓国語〉（ハングルを筆者が翻訳したものである）

盧重琦（2020）『労働体制変動と韓国国家の労働政策（2003-2018）』フマニタス。

盧光杓（2016）「朴槿恵政府の労働改革，何が問題なのか」『KLSI Issue Paper』7 号。

李相昊（2015）「朴槿恵政府『労働改革』の『政治化』過程の分析――政策決定ネットワーク理論の観点から」禹泰鉉・ユビョンヨン・李相昊『労働政策決定過程における労使政間のガバナンス上の政策ネットワーク機能に関する研究』韓国労総中央研究会。

李秉勲（2016）「労働改革局面における労組運動の対応戦略に関する評価――朴槿恵政府の労働市場構造改革に対する両労総の対応を中心に」『韓国社会政策』第23巻 1 号，1 -23頁。

〈英語〉

Crouch, Colin and Wolfgang Streeck (eds.) (2006) *The Diversity of Democracy : Corporatism, Social Order and Political Conflict.* Edward Elgar.

Esping-Andersen, Gøsta (1985) *Politics against Markets : The Social Democratic Road to Power.* Princeton University Press.

Lye, Liang Fook and Wilhelm Hofmeister (eds.) (2011) *Political Parties, Party Systems and Democratization in East Asia.* World Scientific Publishing Company.

Korpi, Walter (1978) *Working Class in Welfare Capitalism : Work, Unions and Politics in Sweden.* Routledge & Kegan Paul Books.

Pempel, T. J. and Tsunekawa, Keiichi (1979) 'Corporatism without Labor? The Japanese Anomaly.' Schmitter, Philippe C. and Lehmbruch, Gerhard (eds.), *Trends Toward Corporatist Intermediation.* Beverly Hills, CA : Sage.

Przeworski, Adam, and Michael Wallerstein (1982) 'The Structure of Class Conflict in Democratic Capitalist Societies.' *The American Political Science Review* 76 (2), pp. 215-238.

Sanchez, Andrew and Sian Lazar (2019) 'Understanding Labour Politics in an Age of Precarity.' *Dialectical Anthropology* 43(1), pp.3-14.

Thelen, Kathleen (2014) *Varieties of Liberalism and the New Politics of Social Solidarity.* Cambridge University Press.

＊ほかに新聞やホームページを参考にしているが，参照したものは，文中に記入している。

（あん・じゅよん：龍谷大学）

鉱山開発をめぐるインフォーマルな政治連合
——ペルーの2事例の差異法による分析——

岡田　勇［名古屋大学］

1　鉱山開発のポリティクス

　21世紀初頭のコモディティ・ブームは，膨大な経済的利益と環境汚染などの不利益を生み出し，鉱山開発についての合意形成を必要とした。しかし，それはしばしば「失敗」し，社会紛争が熾烈化してきた。ここでの社会紛争とは，鉱山開発によって影響を受ける住民と鉱山企業や国家との利害対立を指し，抗議行動など観察可能な形で現れる不満の表出を意味する。社会紛争が頻発あるいは熾烈化したとしても必ずしも鉱山開発の継続が困難となるわけではないが，そうした状況が繰り返され，また第三者による調停や仲裁が実を結ばないなどの場合には，鉱山開発の継続が危ぶまれる。ここでの鉱山開発の「失敗」とは，社会紛争が続くことで鉱山開発の継続が困難になる状況を指す。ちなみに採掘活動が継続しているとき，それは鉱山開発に住民が合意していることを必ずしも意味せず，利益供与による懐柔や暴力的抑圧によって成り立つ場合もある[1]。そのため，「失敗」でない状況は一様ではなく「成功」とも呼びがたい。ちなみにここでの「失敗」は経験的な理解を意味するものであり，その規範的な良し悪しを判断するものではない。

　本論は，なぜ鉱山開発が「失敗」したりしなかったりするのかを問う。多くの研究は，なぜ社会紛争が発生し，熾烈化するかに着目し，その原因として裁判所や政党といった不満表出や紛争仲裁の機能を果たすべき国家

のフォーマルな制度が機能しないことを指摘してきた（岡田 2016参照）。本論は社会紛争の発生よりも鉱山開発の「失敗」に焦点を当てるが，制度が機能しない場合に必ず鉱山開発が「失敗」するわけではない。では，制度が弱い場合に何が「失敗」とそうでない場合とを分けるのだろうか。

　本論では，こうした問いについて一般化可能な形で理論枠組みを示し，多くの研究蓄積があるペルーの事例を用いて例証する。本論の理論枠組みは，鉱山開発が展開する地域の地方政治家を中心とした政治連合（political coalition）に着目するものである。政治連合とは，政治エリートを中心とし，主に支持調達を目的とした諸アクター間のネットワークを意味する。地方首長が直接選挙で選ばれ，地方の社会関係や行政決定において重要な地位を占める場合，そうした政治エリートは自らの政治サバイバルに有利となるような支持調達システムを作り上げることがある。そうした支持調達システムは，しばしば政党組織や国家制度の裏付けのない個人やインフォーマルなネットワークに基づくが，反鉱山の姿勢を打ち出すことで社会集団の支持を取り付ける場合と，鉱山開発に関わる利害関係者の利益対立を仲介して妥協案を生み出す場合とがある。事例とするペルーは，銅，銀，鉛などについて世界有数の産出国である一方で，2006年以降に鉱山関連の社会紛争によって200人以上が死亡し，3000人以上が負傷したと言われる[2]。こうした背景からペルーにおける研究は多く，理論的な精緻化を試みるのに適当である。なお，本論では仮説構築を主な目的とし，体系的な仮説検証は別の機会に譲りたい。

　以下，第2節で鉱山開発の「失敗」についての既存研究をレビューする。その後，第3節で一般的な理論枠組みをまとめ，第4節ではペルーの事例背景を踏まえてより詳細な仮説を提示する。第5節ではヤナコチャとセロ・ベルデという2つの鉱山プロジェクトを対照的な事例として説明し，第6節ではなぜこの2つが全く異なった結果に至ったかについて，インタビューなどの一次資料と二次資料をもとに論じる。第7節で本論の知見について改めて議論する。

2　鉱山開発の「失敗」を説明する

　なぜ鉱山開発は「失敗」したりしなかったりするのだろうか。大きくまとめると，利益と不利益の分配，コミュニケーション，国家の制度能力の3つが挙げられる[3]。

　第一に，鉱山開発が生み出す利益と不利益の分配が重要な役割を果たす。資源採掘は，環境汚染や土地・水などの有限資源の減少といった不利益を資源採掘地の住民にもたらすが，これに対する補償が十分なものかを確定するのは容易ではない。補償は，一般的に採掘企業にとってはコストであり，資源採掘地の人々の抵抗力の強弱によって変動する[4]（Bebbington and Bury eds. 2013）。すなわち，抵抗力が強ければ多くの補償が支払われるか，あるいは資源採掘が着手されないが，抵抗力が弱ければ補償が割り引かれる。このように抵抗力の強弱は内生的な変数であるため，資源採掘地の人々は抵抗力の強さを可視化しようとする一方で，採掘企業は抵抗勢力の分断を図ろうとする。ところで，鉱山開発が生み出す利益の分配も社会紛争を生み出すことが知られている（Arellano-Yanguas 2011；Arce 2014；Ponce and McClintock 2014；岡田 2016）。資源採掘地の住民は生存のための基本的ニーズを抱えていることも多いため，鉱山開発は利益分配期待を高め，その結果として分配圧力や不十分な分配への不満が生まれるからである[5]。

　第二に，利害関係者間の信頼関係や補償を行う際のフレーミングといったコミュニケーションの問題が注目される。例えば，将来の鉱山開発によって失われる水資源について，鉱山企業や政府は専門家を雇って環境影響調査を行うことができるが，地元住民がそれを信じるかどうかは別の問題である。鉱山開発の当事者が何を重視し，どのような感情を抱くかは，コミュニケーションによって変化しうる。企業による便益の提供を買収や懐柔と捉えるか補償と捉えるかは，企業がどのように信頼関係を築き，対

話するかによる。「社会ライセンス」という概念を用いる研究群は，企業と地元住民とのコミュニケーションの重要性を指摘する（Boutilier and Thomson 2018）。

　以上の2つが主に鉱山企業と地元住民の二者関係を論じるのに対して，国家の制度能力を重視するのが第三の見方である。いわゆる「資源の呪い」にまつわる議論で国家の制度能力が重視されるのと類似した形で，鉱山所在地の地方政府の制度能力が重要であることが近年盛んに論じられている。例えば，地方政府の能力は，環境規制の実効性に影響する（Sexton 2020；Gustafsson and Scurrah 2020）。利益分配についても，鉱業税収をベースとして社会政策を実行する地方官僚の能力に依存する（Arellano-Yanguas 2011；2019；Ponce and McClintock 2014）。制度能力は，環境影響調査や事前協議といった制度ルールの有効性にも影響する（Jaskoski 2014；Schilling-Vacaflor and Flemmer 2015；Constanza 2016）。

　このように，国家の制度能力が重視されるにもかかわらず，多くの途上国では制度能力は高いとは言い難い。とはいえ，そうした制度能力が低いとされる国でも，すべての鉱山プロジェクトが「失敗」するわけではない。では制度能力が低い場合に，何が鉱山開発の「失敗」をもたらしたり，もたらさなかったりするのだろうか。

3　鉱山開発における政治連合の役割

　地方政府の役割に着目する近年の研究は，制度能力に加えて，地方の政治リーダーが築く政治連合に着目する。Gustafsson and Scurrah （2020）は，鉱山開発の方針について中央政府・企業・社会組織などのステークホルダーの間で合意を作り出す県知事がいることに注目し，鉱山企業に対して地方政府が「対立的な戦略」を取るだけでなく，「協力的な戦略」を取る場合もあることを指摘する。ペルーの事例についての彼女らの分析では，こうした地方政治家の戦略こそが事例間の差異に説明力を有している。[6]　し

かし，Gustafsson and Scurrah （2020）は，地方政治家が異なった戦略を取る理由を十分に論じていない。彼女らが取り上げるペルーのカハマルカとモケグァの県知事の場合，いずれも当初は協力的な戦略を取ろうとしたが，カハマルカ県知事が提示した代替案が中央政府に受け入れられなかった結果，対立的な戦略に転じたと解釈されている。このような解釈によれば，県知事の戦略は中央政府など他アクターとの関係などに応じてアドホックに選択できるものと想定されるが，特定の戦略が採用される理由やそれが後述するように自己強化的な論理を持つ可能性については触れていない。言い換えると，地方政治家が政治連合を形成する際の政治的インセンティブが十分に考慮されていない。

　政治連合を特定の目的についての諸アクター間の政治的リンケージとして緩く捉えると，鉱山プロジェクトにまつわる議論以外でも政治連合への着目は存在する。社会運動論では，社会運動アクターの追求する目標が達成される条件について政治媒介モデル（political mediation model）として論じられており，その中では社会運動アクターに近い立場の政府内アクターとの連合が重視される（Amenta et al. 2010）。しかしそうした議論は，社会運動アクターの視点から論じることが主で，政府内アクターがどのような思惑から社会運動との間で政治連合を形成するかについては別の理論枠組みが必要となる。

　政治アクターが政治連合を形成するメカニズムについて示唆的なのは，フォーマルな制度の弱さに関する近年の研究である（Holland 2017；Brinks, Levitsky and Murillo eds. 2020）。これらの研究は，フォーマルな制度の弱さの原因は必ずしも能力不足ではなく，政治的意図による場合があると指摘する。Holland（2017）は，広範な選挙民からの支持を得るために地方政治家がインフォーマル経済従事者や土地占拠者の取り締まりを意図的に控えることを実証している。Falleti（2020）は，ボリビアの天然ガス開発に関する事前協議手続きの実効性について，事前協議対象の社会集団が国家エリートにとって政治的に重要かどうかが決定的とする。端

的に言って，自らの政治サバイバルに有利かどうかに応じて，政治エリートは政治連合を選択すると考えられる。

　鉱山所在地の地方政治家が築く政治連合として，鉱山反対連合と利益分配連合という2つのタイプが想定される。鉱山反対連合は，鉱山開発の存在自体に反対する方針をとって同様の選好を持つ組織や集団の支持を得ようとする政治連合であり，その一方で利益分配連合は，鉱山企業に対しては開発を継続させ，地元住民に対しては利益配分を行う合意を築くことで両者から支持を得ようとする政治連合である。

　これら2つの政治連合への着目は，既存の議論を整理し，制度能力が低い場合であっても地方政治家のサバイバル動機がそれを補完する可能性を指摘する点で新しい。また，鉱山反対と利益分配を政治連合という概念でまとめる理解も，既存研究には見られない。岡田（2016：7章）は，鉱山開発の歴史的経験や農業従事者の多さ，鉱業税収入の配分額，大統領選挙での野党支持といった条件がどのような組み合わせで鉱山にまつわる社会紛争を発生させるかを論じているが，地方政治家がそうした条件環境でどのように振る舞うかや，地方政治家の行動によって社会紛争の発生だけでなく抑制につながる可能性については検討していない。また，地方政治家の役割については，インドネシアにおける石油・天然ガス・木材由来の資源利潤と政治暴力の関係について国内地方間の違いを論じた森下（2015）も取り上げているが，その議論では主に利益分配ゲームのバリエーションが着目されており，鉱山反対連合は想定されていない。[7]

　2タイプの政治連合は，Gustafsson and Scurrah（2020）の言う対立的戦略と協力的戦略と概ね一致するが，重要な違いが2つある。第一に，政治連合は環境要因に左右され，自由に選べるわけではない。例えば，地方政治家がもともと鉱山開発に一貫して反対する勢力を出自とする場合には，取りうる選択肢は狭められる（Meléndez 2019）。さらには，鉱山プロジェクトに関する従前の世論動向も重要である。当該地域や他地域で鉱山反対が趨勢となっている場合に，それに反する政治連合を築くのは容易で

はない。第二に，政治連合は政治サバイバルを追求する地方政治家によって構築されるためにいったん形成されると自己強化的な論理を持ち，ある程度安定的になると想定される。鉱山への賛成・反対や世論動向は多様な条件に依存し，しばしば流動的でもありうるのに対して，特定の政治連合によって当選することに成功した地方政治家は，次の選挙でのサバイバルを確実とするために同様の政治連合を維持しようとする可能性が高い。第一の点と合わせると，環境要因が政治連合に影響するだけでなく，政治連合が環境要因を一定の方向に導くと考えられる。反鉱山の機運の中で誕生した政治連合は，それを率いる地方政治家が鉱山反対連合にエネルギーを注ぐために，さらに反鉱山の機運を高めると想定される。その逆も然りである。そのため，社会紛争や世論の動向がより短期的に変化するのに対して，政治連合は長期的な「失敗」の有無を説明する上で重要な要因ということができるだろう。

　このように，鉱山開発の「失敗」の有無を考える上で，政治連合は重要な鍵となる。次節以降では，ペルーについてこの仮説が高い説明力を持つことを論じていく。

4　ペルーの鉱山開発と地方での政治連合

　ペルーは1992年にフジモリ政権下で鉱業法を改定して鉱山を民営化し，それと同時に数十年間に渡って投資企業に租税条件の固定適用を認める法的安定化契約を与えることで，多国籍資本の誘致に成功してきた。その後，2000年代に入ってからのトレド，ガルシア，ウマラ，クチンスキといった諸政権もまた，鉱業，租税，環境といった諸分野について民間資本を優遇する法制度を基本とした。その一方で，環境保護の観点に基づく鉱山活動規制を実効的に行う制度は限られてきた。

　こうした国家政策に対して，膨大な数の抗議行動が起きてきた。ペルーの護民官局（Defensoria del Pueblo）は2004年頃から全土で報道・陳情受

図1　社会紛争件数（2005年7月〜2020年9月）

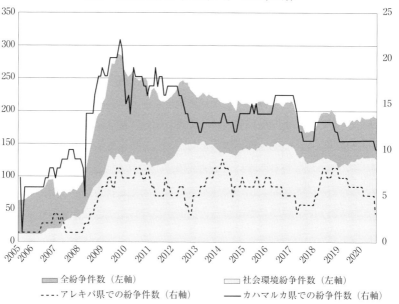

凡例：

■ 全紛争件数（左軸）　　　　　　　　□ 社会環境紛争件数（左軸）
---- アレキパ県での紛争件数（右軸）　　── カハマルカ県での紛争件数（右軸）

出典：ペルー護民官局（Defensoria del Pueblo）の月次レポートno.26〜199より筆者作成。

　付・調査を情報源として社会紛争をモニターし，詳細な月次報告書を公表している。この報告書によると，2009年頃から10年以上に渡って，全土で200前後の社会紛争が毎月報告されてきた（図1）。そのおよそ3分の2が，鉱山開発に関わる「社会環境紛争（conflicto socioambiental）」であった。

　こうした鉱山開発に対する社会紛争について，初期の研究は鉱山企業と地元住民の二者対立として論じ，地方では国家が「不在」である中で，鉱山開発による不利益に対して地元住民が街頭で異議を申し立てるという理解をとっていた（Arce 2008；De Echave et al. 2009）。

　それに対して後続の研究は，鉱山企業と地元住民の二者に加えて，地方政府を取り巻く状況に着目するようになった。前述のとおり，1990年代に誘致された鉱山企業には鉱物資源価格が高騰した2000年代半ば以降も法的安定化契約によって低税率が適用され続けたが，これに対する社会不満を

抑えるためにペルー政府は鉱山企業の法人税を地方政府に分配する鉱業カノン（canon minero）や，鉱山企業によるCSR活動を促すなどの措置を導入した。しかし，こうした地方への財源移譲の結果，地方政府の汚職が増加したり，潤沢な財源を公共サービスに支出できなかったりといった問題が顕在化した（Bebbington and Bury eds. 2013；Arellano-Yanguas 2011；2019）。

　これらの既存研究が，国家の「不在」や地方政府の能力不足を社会紛争の原因とみなすのに対して，地方政治家の政治的戦略に着目する研究も近年現れている（Hurtado 2015；Meléndez 2019；Gustafsson and Scurrah 2020）。背景として，県や自治体の首長が2000年代の地方分権化によって得られた新たな権限を活用するべく，オフィスを急拵えしながら政治サバイバルを模索してきたことが挙げられる[8]。そうした中，鉱山開発が政治イシューとなった地方では，政治家たちがそれを政治的動員資源として活用してきた。鉱山開発をめぐる支持動員は，中長期的な公共サービスの改善をアピールするよりはるかに即効性があり，なおかつ喫緊の課題でもあった。

　こうして地方政治家が鉱山開発をイシューとした政治サバイバルを模索する状況で，鉱山反対連合と利益分配連合が生まれる素地があった。ペルーは政党システムが制度化されない代表的な事例とされ，地方でも独立系の個人政治家や小政党が栄枯盛衰を繰り返してきた（村上 2009）。そのため，地方政治家はクライアンテリズムに則った便宜供与と票の交換を基本的なサバイバル戦略としてきた（Muñoz 2019）。鉱山開発に対して反対するか利益配分を交えたステークホルダー間の合意を取り持つかはいずれも有望な政治サバイバル戦略となったが，このような政治連合のタイプは鉱山開発の「失敗」についても重要となった。

5　差異法による例証：ヤナコチャとセロ・ベルデ

　これまで，フォーマルな制度が弱い場合に政治連合に目を向けるべきこと，そしてペルーにおける地方政治家の重要性について述べてきた。以下では，これがもっともらしい説明であることを，差異法を用いて例証する。差異法では，可能な限り似通った少数事例を用意し，想定する原因と結果のみが顕著に異なることを示す。

　本論では，ヤナコチャとセロ・ベルデという2つの鉱山プロジェクトの事例に焦点をあて，2016〜2019年に行われた数度の現地調査および二次資料から類似点と相違点を明らかにする。鉱山と地元住民との関係を考える上では，鉱山の規模や形態（露天掘り・坑道掘り），投資企業の出身国，採掘開始時期，主要な人口密集地からの距離，他の主要産業といった条件が重要と考えられる。ヤナコチャとセロ・ベルデは，これら全てについて似通った鉱山プロジェクトである。他の大鉱山としては，アンカッシュ県のアンタミナ鉱山，アプリマク県のラス・バンバス鉱山，クスコ県のティンタヤ鉱山などがあるが，それらは数十万人が住む都市に近接していない。明らかに「失敗」でない事例としては，セロ・ベルデの他にモケグア県のケジャベコ鉱山があるが，同鉱山は2021年の時点で生産開始しておらず，人口7万人弱の県都モケグア市から73キロ離れる上，モケグア県の農牧業付加価値は全産業の2％と極めて低いため，条件が大きく異なる。

　ヤナコチャ鉱山は北部のカハマルカ県，セロ・ベルデ鉱山は南部のアレキパ県に位置し，ともにアンデス山脈の山間部にある（図2）。この2事例は，いずれも県都から約30キロの距離にある大鉱山であり，多くの点で似通っている[9]（表1）。県都と鉱山が近いことから，いずれも鉱山で働く技師や労働者の多くは県都に住み，県都や周辺の自治体に大きな影響を与えてきた。いずれもかつては国営鉱山だったが1990年代前半に民営化され，米系外資の所有となった。県都の人口は異なるものの，いずれも鉱業と農

図2　ヤナコチャとセロ・ベルデの位置

表1　ヤナコチャとセロ・ベルデ

	ヤナコチャ	セロ・ベルデ
主要鉱山	ヤナコチャ	セロ・ベルデ
主要鉱石	金（国内生産の24%）	銅（国内生産の20%）
主要投資家	Newmont（米）	Freeport-McMoRan（米）
民営化年	1993年	1994年
投資額（2012〜13年）	7.5億ドル	6.6億ドル
県都中心からの距離	約30キロ	約40キロ
所在地の指標（2012年）	カハマルカ県カハマルカ市	アレキパ県アレキパ市
市の人口	204,543	844,407
市の人間開発指数	0.5336	0.6046
県の平均世帯月収（ソル）	857.71	871.04
県の産業別付加価値	鉱業（41%），農牧業（12%）	鉱業（25%），農牧業（9%）
鉱業カノンとロイヤルティ配分額（2009〜2018年）	県全体37億ソル 県都（郡）10億ソル	県全体56億ソル 県都（郡）30億ソル
関連する月次社会紛争件数の平均（2005.7〜2020.9）	2.497	0.180

出典：人口・月収・産業別付加価値：ペルー統計局（INEI），人間開発指数：UNDP，鉱業カノン・ロイヤ
　　　ルティ配分額：SNMPE（2019），社会紛争件数：ペルー護民官局月次レポート26〜199より筆者作成。

業が盛んである。またペルーは首都リマへの経済一極集中が顕著だが，いずれの都市も過去数十年に渡って優秀な人材や企業がリマに流出し続けてきた過去を持つ（Cotler 2009；Eaton 2010：1214）。また2009〜2018年の鉱業カノンおよび鉱業ロイヤルティによる財源移譲について，全国25県のうちアレキパ県が第2位（全体の14.4%），カハマルカ県が第3位（同9.6%）を占めてきた（SNMPE 2019）。

　これらの共通点は，ヤナコチャとセロ・ベルデで共に鉱山開発をめぐる社会紛争が起きやすいことを示唆する。地方都市に近接する露天掘りの大鉱山は，不利益の源泉としても潤沢な財政資源の供給元としても目立つ。両鉱山は，ペルー国内での鉱物生産額や投資額でトップ10位に入る。そのような大鉱山は，労働者のストから地元住民による環境保護の主張，利益分配を求めるデモなど，さまざまな形の社会紛争を経験するのが普通だった。しかし，護民官局の2005〜2020年のデータはこの2つの事例について異なった傾向を示している。ヤナコチャでは毎月平均2.5の社会紛争が報告されてきたのに対して，セロ・ベルデについては毎月平均0.18であった。[10]件数は社会紛争の全てを物語るわけではないが，その内容を見ても傾向は大きく異なる。ヤナコチャ鉱山は，2000年，2004年，2010〜2012年に死者を出す大規模な社会紛争を経験し，親会社のNewmontは2016年にプロジェクトの拡張計画を完全に諦めると言明した。[11]それに対してセロ・ベルデ鉱山は，全く社会紛争を経験していないわけではないものの，その数も要求の内容もはるかに穏やかだった。2000年代後半には納税額の増加や浄水場建設を求めるデモがあったが短期間で収束し，ヤナコチャが鉱山拡張に失敗したのとほぼ同じ2014年に鉱山拡張に成功した。なぜこれほど似通った条件を持ちながら，この2事例は全く異なった結果を迎えたのだろうか。次節では，地方政治家の役割が重要であったことを論じる。

6　インフォーマルな政治連合の役割

（1）ヤナコチャ

　カハマルカ県カハマルカ市は，植民地時代から存在するペルー北部の中核都市である。ヤナコチャ金鉱山は20世紀後半にカハマルカ市の郊外で見つかり，1993年に民営化され，外資のもとで操業を開始した。この金鉱山は南米最大の露天掘り金鉱山であり，大量の水や水銀を鉱石処理に必要とする。これらの点が後に大規模な社会紛争を経験する潜在要因となった。

　ヤナコチャは，1990年代には大きな問題を経験しなかったが，2000年に水銀輸送車の事故に起因する環境汚染をめぐる抗議デモを経験して以来，社会紛争が頻発するようになった。2004年にヤナコチャ社は周辺のセロ・キリッシュ（Cerro Quilish）に鉱区を拡張しようと試みたが，大規模な抵抗にあって失敗した。さらに2010年にはコンガ（Conga）・プロジェクトと呼ばれる鉱区拡張計画を実行に移そうとしたが，この計画が既存の水源地（湧き水であるか溜り水であるかについて意見対立がある）の撤去を要するものであったため，環境影響調査ではゴーサインが出たものの，2012年に数万人規模の抗議が起き，中央政府によって非常事態宣言が出され，少なくとも5人の市民が死亡する惨事となった。結果としてヤナコチャ社は鉱区拡張することができず，明らかな「失敗」事例と言える。

　問題は複合的なものだった。中央政府や地方政府が提供する公共サービスが十分でない中で，ヤナコチャ社は鉱山の近郊コミュニティに基礎インフラや奨学金などさまざまな支援を与えた。しかし，サービスの恩恵にあやかるのが鉱山に近い住民に限られたため，不公平感を生んだ（Kemp et al. 2013）。鉱山技師たちはカハマルカ市の中心に住宅を構えたこともあって，経済格差が目立つようになった。物価が上がる一方で，鉱山が生み出す現地雇用は限られ，鉱山のために土地を提供した元地主や隣接自治体の有力者，あるいは一定以上の教育を受けた人（しばしば他県からの移

住者）が優先的に雇われた。

　別の問題として，鉱山会社への不信感が挙げられる。コンガ・プロジェクトをめぐる紛争後にヤナコチャ社の依頼で調査を行った豪クイーンズランド大学の調査チームは，ヤナコチャ社が住民の声に耳を傾けないと認識されているだけでなく，鉱山企業内部でも執行部と渉外部門の担当者とで意見の隔たりがあったことを報告している（Kemp et al. 2013：10-13）。抗議のリーダーであった人物も，ある村落で環境影響調査に関するヒアリングがあった際に，ヤナコチャ社が雇った技術者の科学的知見が正しいのだと住民の疑問や質問が頭ごなしに否定されたエピソードを指摘した（インタビューA）。

　とはいえ，ヤナコチャ社が何の便益ももたらさず，不信感しか生まなかったと評価するのは誤りだろう。一連の社会紛争に抗議側として参加したNGO関係者は，カハマルカ市民の中には鉱山開発賛成派と反対派が同じくらい存在すること，鉱山がもたらした経済成長への熱狂もあったと指摘する（インタビューB）。同人物によれば，受益者と非受益者の格差を埋めるものがなく，また初期のセロ・キリッシュをめぐる抗議の後で企業・政府・住民による「対話の席（mesa de diálogo）」が設置されたにもかかわらず，意見の隔たりが埋められなかったことに問題があった。

　以上に加えて，大規模な抗議が継続した原因は，地方政治家が鉱山反対連合を形成したことに見出される。2000年代後半以降，カハマルカで選挙に勝ったのは鉱山開発に強い反対姿勢を打ち出す政治家だった。2010年に県知事になったグレゴリオ・サントス（Gregorio Santos）は，農民組織のリーダーという出自もあって環境汚染の懸念を強く示し，コンガ・プロジェクトに対する抗議では自らも先頭に立った。これを原因としてサントスは2014年に逮捕されたが，留置場にいながら同年の県知事選挙で再選された。2018年にもサントスと同じ鉱山反対派政党の候補者が県知事に当選した。サントスに限らず，カハマルカの地方選挙では，鉱山開発反対をスローガンとして唱えながらも同時に（矛盾するにもかかわらず）鉱山会社

に多くの利益還元を求める候補者が見られた（インタビューC）。地方政治家との関係が崩壊したという意見は，ヤナコチャ社関係者からも聞かれた（インタビューD）。

　カハマルカの地方政治家たちが鉱山反対連合を形成した要因はいくつか挙げられる。第一は，鉱山反対か賛成かの二項対立が，数度の大規模抗議を経て社会レベルで浸透したことがある。サントスは，反コンガ運動の中心となり農民組織を支持母体に抱えたこともあって鉱山会社との仲介役に転換できなかった。反コンガ運動に関わったセレンディン郡の首長であるマウロ・アルテアガ（Mauro Arteaga）は鉱山開発について中立の態度を貫こうとしたが，抗議デモが熾烈になると住民の激しい圧力にさらされ，辞任を表明せざるを得なくなった（Meléndez 2019）。第二は，地方政府への不信感である。地方政府は潤沢な鉱業収入を用いて公共サービスを改善できなかっただけでなく，鉱山開発に関する住民の要求に対して企業に責任を転嫁し，企業に陳情をするよう促したこともあったとされる（インタビューE）。他方で，ヤナコチャ社は地方選挙で自らに有利な立候補者を支援し，鉱山開発に不利な候補が当選しないように図ってきたとも言われる（インタビューF）。第三に，上記と関連して，住民がヤナコチャ社と協議する際に地方政府による仲介を嫌う実態があったことも挙げられる。県政府の鉱山担当部長は，ある住民の求めに応じてヤナコチャ社との会合を設定したが，実際に会合が始まると，住民から県政府担当者は退出するよう求められたというエピソードを語った（インタビューG）。鉱山会社から便益を受けることが秘密裏に行われ，他方で反鉱山の言説が公共空間では有力となった結果，地方政府を占める政治家たちは反鉱山を基本的なサバイバル戦略とするようになり，鉱山会社と住民とを結びつける利益分配連合を作る機会を失ったと考えられる。さらに2014年以降の県知事選挙からも，反鉱山連合が優勢であり続けたことがうかがえる。

（２）　セロ・ベルデ

　ヤナコチャに対して，セロ・ベルデは利益分配連合が形成された対照的なストーリーである。アレキパ県アレキパ市は，ペルー南部の山間部に位置する都市で，その起源は植民地期初期に遡る。カハマルカと同じく温暖な気候であることから農牧業が盛んである。セロ・ベルデ鉱山は20世紀後半にアレキパ市の郊外で開発が始まり，1994年に民営化され，2007年までに米系Freeport-McMoRanの手に渡った。アレキパがカハマルカと違うところがあるとすれば，比較的大きく，商業や製品加工業がある程度発達したことだろう。しかし，1980年代末ごろから1990年代にかけてアレキパ市の産業は少しずつ衰退し，主要な製造業の会社は首都リマに移転してしまった。

　セロ・ベルデは県都に近い立地にもかかわらず，あまり目立たなかった。護民官局の月次レポートでセロ・ベルデに関連して報告された社会紛争はわずかしかない。そのうち2006年６月に起きたアレキパ市長と社会組織による抗議デモは，セロ・ベルデに余剰利益の納税を求めるものだった。セロ・ベルデは法的安定化契約に守られているために鉱物資源価格の変動やその後の租税制度改定にかかわらず当初の税率が適用されるが，社会への利益還元に全く応じないことが鉱山の継続を危機にさらすことは明らかであった。しかし，この紛争は約１か月半で迅速に解決する。８月２日に抗議側とセロ・ベルデ社はリマの首相府にて会合を持ち，社会への利益還元としてセロ・ベルデ社が5000万米ドルを投資して浄水施設と下水処理施設を１つずつ建設することに合意した。その後に報告されている社会紛争は，2009～2010年にこの合意の履行を求めるアレキパ市長と社会組織によるデモと，2014～2015年に下水処理施設の建設作業のために起きた交通渋滞に対する抗議であるが，いずれも短期間で終息している（浄水施設は2012年に，下水処置施設は2016年に完成）。

　これらを見ると，セロ・ベルデに関する社会紛争では，いずれの場合も解決に至る道筋があり，合意が履行され，鉱山開発は継続した。その理由

は何だろうか。アレキパの地方政府は，カハマルカより著しく潤沢な歳入
や鉱業カノンがあるわけでも，その有効活用に大きく成功しているわけで
もない。また，アレキパの市民社会に，カハマルカの反コンガ運動のよう
な大規模な抗議行動を動員する組織ネットワークがないわけでもない。ア
レキパでは，ペルー国内外でよく知られた電力会社の民営化に対する抗議
行動が2002年に起きており，契約したベルギー資本が翌年に撤退を余儀な
くされている（Arce 2008；Eaton 2010）。

　ヤナコチャとセロ・ベルデの違いは主に2つ指摘できる。第一に，セ
ロ・ベルデ社が地元住民との関係を重視し，より慎重に扱っていることで
ある（インタビューH）。カハマルカの場合と同様に，地元住民は鉱山企
業にさまざまな要求を頻繁に持ち込む。セロ・ベルデ社では，出入りする
あらゆる情報を共有し，ロー・プロファイルで慎重に対処してきた。鉱山
訪問や上下水道施設への見学ツアー，住民参加型の環境影響モニターツ
アーを企画し，住民に積極的にアピールすることも欠かさない。それでも
鉱山を住民が受容する度合いは刻々と変化しており，長期的に安定してい
るとは言えないという（インタビューH）。こうした企業の「社会ライセ
ンス」戦略はヤナコチャと対照的だが，セロ・ベルデがこれら自助努力の
結果として「失敗」を免れてきたと解釈するのは難しい。少なくとも同社
の幹部は鉱山開発の安定した継続が保証されているとは感じておらず，常
に変化する状況に緊張感を持って対応し続けていると認識している。

　第二の要因は，フアン・マヌエル・ギジェン（Juan Manuel Guillén）
という地方政治家を中心とした政治連合の形成である。ギジェンは，アレ
キパの国立大学教員出身の政治家で，1999〜2002年にアレキパ市長を勤め
た後，2007〜2014年にアレキパ県知事となった。先述した2002年の電力民
営化への反対抗議は，ギジェンの政治キャリアにとって重要であった。一
部文献では当時アレキパ市長であったギジェンはこの抗議の中心的人物と
見なされているが，Hurtado（2015）やEaton（2010）によれば抗議運
動の中心だったのは労組を中心として結成されたアレキパ市民拡大戦線

（Frente Amplio Cívico de Arequipa, FACA）だった。ギジェンは
FACAの圧力に応じてこの抗議に参加したが，中央政府の代表団が抗議の
解決のためにアレキパを訪れた際に交渉を取りまとめ，民営化撤回を達成
する上で株をあげた。

　ギジェンはこの電力民営化反対抗議の後，その動員の中心となった
FACAとのつながりを維持し，政党のような政治組織は作らずに個人を中
心とした支持基盤のネットワークを作った（Cotler 2009：55-56；Muñoz
et al. 2016：43）。それにより2006年に県知事に当選し，2010年に再選を
果たした。ギジェンの政治的成功の背景には，セロ・ベルデとの結びつき
による利益提供システムがあり，それによって有権者の75%を占める県都
アレキパ市，特にその辺縁部の住民からの支持を調達できたとされる
（Muñoz, et al. 2016：42-45）。セロ・ベルデがアレキパへの社会貢献の
ために用意する予算の使用方法を決める上で県知事は重要な立場にあり，
ギジェンはFACAを始めとする社会組織を束ねながらセロ・ベルデと交渉
するという仲介者としての立場を獲得した（Cotler 2009：103-105；
Muñoz et al. 2016）。

7　鉱山開発のポリティクスにおけるインフォーマルな政治連合の役割

　本論では，鉱山開発の「失敗」とその回避について，フォーマルな制度
が十分に機能しない場合に政治連合に目を向けるべきことを主張し，ペ
ルーのヤナコチャとセロ・ベルデという対照的事例を例示した。2000年以
降のペルーでは，鉱山開発関連の社会紛争が頻発し，「失敗」に至ったプ
ロジェクトも少なくない。鉱山反対連合と利益分配連合の一般的な傾向，
さらにはさまざまな環境要因や先行研究で指摘されている要因を含めた厳
密な検証は今後の課題であるが，そうした検証の中では，地方政治家がど
のような政治連合を形成したか，そして再選を実現したかどうかといった
指標が有力な検討材料になるだろう。

　政治連合という視点はいくつかの点で重要な示唆をもつ。第一に，政府・鉱山企業・地元住民といった利害関係者のうち，どれか1つに「失敗」の原因を求めることの難しさを踏まえ，むしろ諸アクターの関係性についてヒューリスティックなモデルを示す点である。第二に，政治連合はインフォーマルではあるが自己強化的な論理を持つ点である。鉱山企業は「失敗」を避けるために社会還元支出が有効に機能することを，地元住民は利益配分や不利益への補償が実効的になされることを，そして政治家は自らの政治サバイバルの可能性を高めることを求める。そうした各アクターのインセンティブ構造を踏まえると，利益分配連合はいったん達成されたならば自己強化的なものになり，インフォーマルな取り決めがなぜ持続するかについての説明を与えてくれる。他方で鉱山反対連合も，抗議の高まりとともに反鉱山のスローガンで言説空間を支配し，広範な社会集団からの支持を取り付けることを可能とする。社会紛争が頻発するほど，政治家は反鉱山という選好を貫き，さらに支持集団を街頭での示威行動に動員することができるようになる。第三に，こうしたインフォーマルかつ自己強化的な連合は，フォーマルな制度と比べて短所だけでなく長所も持つ点である。短所としては，特定の個人に対する信頼に依存することであり，当該個人の性格や集権化の度合いに応じて利益分配の非効率性や汚職が問題化することもあるだろう。他方で長所としては，資源採掘地の市民社会の抵抗力や資源価格に応じた利益量の変化といった変化しやすい外的要因への柔軟な対応が比較的容易である。それに対してフォーマルな制度では，短期的に変化する外的要因に対して合意を維持することは比較的困難であるだろう。

付記

　調査にあたってインタビューに応じてくれた方々，調査の支援をしてくれたVidal Chávez, Giofianni Peirano, Roberto Alarcónに感謝する。また草稿段階で貴重なコメントを頂いた森下明子先生（立命館大学）および2名の匿名査読者にも感謝する。本

研究は，科研費16K21086，16KT0042，20K20750の支援を受けた。

注

1） さらに，採掘活動のプロセスと鉱山企業の認識も踏まえる必要がある。一般的に鉱山開発は莫大な初期投資がかかるため，鉱山企業は採掘継続と既存施設を利用した拡張を追求する。しかし鉱物資源価格の高低に応じて，採掘活動を加減速させる動機が生じる。ちなみに，採掘中の鉱山で社会紛争によって継続が困難になったとしてもただちに全ての鉱山活動が中止されることは極めて稀であり，通常は生産活動を減少させながら数年間かけて閉山に進むことになる。他方で，採掘開始前あるいは拡張開始前のプロジェクトについては，計画中止が「失敗」のサインとなる。

2） 護民官局の月次報告書より。月次報告書は護民官局のウェブサイトより入手できる。https://www.defensoria.gob.pe/categorias_de_documentos/reportes/（2021年4月23日最終閲覧）

3） 異なる形でのレビューとしてConde and Le Billon（2017）参照。

4） 日仏の原発・空港・ダムの立地を論じたAldrich（2010）も参照されたい。

5） この観点からすると，利益分配を受ける地元住民が分裂していない方が，鉱山プロジェクトの「失敗」を回避しやすいという知見がある（Amengual 2018）。

6） Gustafsson and Scurrah（2020）は，県政府が環境問題などについて独自の解決策を提示できる能力を有するかどうかも重視するが，この点は同論文が取り上げる事例間の違いを説明していない。

7） インドネシアで鉱山反対連合が観察されにくいのは中央政府や軍による資源開発への関わりや市民社会の組織化といった歴史的コンテクストによると考えられるが，今後の検討課題としたい。

8） ペルーの地方行政は，県（departamento），郡（provincia），自治体（distrito）からなり，それぞれの首長・議員が直接選挙で選ばれる。これらの地方政治職は1980年代から公選制が導入されていたが，フジモリ政権下で県知事は任命制となり各政府レベルの権能も制限された。2002年に始まる地方分権改革は，県知事の公選制を復活させ，さらに大衆参加型手法を取り入れた予算編成プロセスを導入した。

9） Barrantes, Cuenca y Morel（2012）はカハマルカ県とアレキパ県を類似事例とする。

10） 明示的にヤナコチャやセロ・ベルデが関わった社会紛争だけを抽出している。

11） Mining.com，2016年4月18日。https://www.mining.com/community-opposition-forces-newmont-abandon-conga-project-peru/（2021年4月23日最終閲覧）

12)　2002～2018年に5回あった県知事選挙で，再選を果たした政治家は16人であり，
　　再選知事数／全知事数は12.8%である。

インタビュー

A：2016年3月17日，市民社会組織「組織間共闘委員会」関係者，セレンディン市内
　　にて。

B：2016年3月18日，NGO Grufides関係者，カハマルカ市内にて。

C：2016年3月16日，NGO関係者，カハマルカ市内にて。

D：2016年3月11日，元ヤナコチャ社幹部，リマ市内にて。

E：2018年8月15日，鉱山企業渉外担当，カハマルカ市内にて。

F：2017年5月5日，ラ・エンカニャダ市役所職員，ラ・エンカニャダ市内にて。

G：2016年3月15日，カハマルカ県政府関係者，カハマルカ県庁にて。

H：2019年8月14日，セロ・ベルデ社副社長および渉外担当，アレキパ市内にて。

参考文献

〈邦語文献〉

岡田勇（2016）『資源国家と民主主義』名古屋大学出版会。

村上勇介（2009）「フジモリ後のペルー政治」村上勇介・遅野井茂雄編『現代アンデス
　　諸国の政治変動』明石書店，365-403頁。

森下明子（2015）『天然資源をめぐる政治と暴力』京都大学学術出版会。

〈外国語文献〉

Aldrich, Daniel P. (2010) *Site Fights*. Ithaca：Cornell University Press.

Amengual, Matthew (2018) "Buying Stability：The Distributive Outcomes of
　　Private Politics in the Bolivian Mining Industry." *World Development* 104：
　　31-45.

Amenta, E., N. Caren, E. Chiarello, and Y. Su (2010) "The Political Consequences of
　　Social Movements." *Annual Review of Sociology* 36：287-307.

Arce, Moisés (2008) "The Repoliticization of Collective Action After Neoliberalism
　　in Peru." *Latin American Politics and Society* 50(3)：37-62.

Arce, Moisés (2014) *Resource Extraction and Protest in Peru*. Pittsburgh：
　　University of Pittsburgh Press.

Arellano-Yanguas, Javier (2011) "Aggravating the Resource Curse." *Journal of*

Development Studies 47 (4)：617-638.

Arellano-Yanguas, Javier (2019) "Extractive Industries and Regional Development." *Regional & Federal Studies* 29(2)：249-273.

Barrantes, R., R. Cuenca y J. Morel (2012) *Las posibilidades del desarrollo inclusivo.* Lima：IEP.

Bebbington, A., and J. Bury (eds.) (2013) *Subterranean Struggles.* Austin：University of Texas Press.

Boutilier, R. G. and I. Thomson (2018) *The Social License.* Abingdon：Routledge.

Brinks, D. M., S. Levitsky, and M. V. Murillo (eds.) (2020) *The Politics of Institutional Weakness in Latin America.* New York：Cambridge University Press：1-40.

Conde, M., and P. Le Billon (2017) "Why Do Some Communities Resist Mining Projects While Others Do Not?" *The Extractive Industries and Society* 4：681-697.

Constanza, Jennifer Noel (2016) "Mining Conflict and the Politics of Obtaining a Social License." *World Development* 79：97-113.

Cotler, Julio, (coord.) (2009) *Poder y cambio en las regions.* Lima：PNUD/IEP.

De Echave, J., A. Diez, L. Huber, B. Revesz, X. Ricard Lanata, y M. Tanaka (2009) *Minería y conflicto social.* Lima：IEP/CIPCA/CBC/CIES.

Eaton, Kent (2010) "Subnational Economic Nationalism?" *Third World Quarterly* 31 (7)：1205-1222.

Falleti, Tulia (2020) "Social Origins of Institutional Strength." In Brinks, D. M., S. Levitsky, and M. V. Murillo (eds.) *The Politics of Institutional Weakness in Latin America.* New York：Cambridge University Press：253-276.

Gustafsson, M., and M. Scurrah (2020) "Subnational Governance Strategies at the Extractive Frontier." *Territory, Politics, Governance,* DOI：10.1080/21622671. 2020.1840425

Holland, Alisha C. (2017) *Forbearance as Redistribution.* New York：Cambridge University Press.

Hurtado, Verónica (2015) "El conflicto politico como mecanismo de legitimización de alcaldes provincials." *Politai : Revista de Ciencia Política* 10：85-102.

Jaskoski, Maiah (2014) "Environmental Licensing and Conflict in Peru's Mining Sector." *World Development* 64：873-883.

Kemp, D., J. Owen, M. Cervantes, D. Arbelaez-Ruiz, J. Benavides Rueda (2013) *Listening to the City of Cajamarca.* CSRM Research Paper, Brisbane : University of Queensland.

Meléndez Guerrero, Luis Alberto (2019) "¿Legitimidad versus eficacia?" *Elecciones* 18(19) : 91-120.

Muñoz, Paula (2019) *Buying Audiences.* New York : Cambridge University Press.

Muñoz, P., M. Monsalve, Y. Guibert, C. Guadalupe, J. Torres (2016) *Élites regionales en el Perú en un contexto de boom fiscal.* Lima : Universidad de Pacifico.

Ponce, A., and C. McClintock (2014) "The Explosive Combination of Inefficient Local Bureaucracies and Mining Production." *Latin American Politics and Society* 56(3) : 118-139.

Schilling-Vacaflor, A., and R. Flemmer (2015) "Conflict transformation through prior consultation?" *Journal of Latin American Studies* 47(4) : 811-839.

Sexton, Renard (2020) "Unpacking the Local Resource Curse." *Journal of Conflict Resolution* 64(4) : 640-673.

SNMPE (Sociedad Nacional de Mineria Petroleo y Energia) (2019) *El canon, sobrecanon, y las regalias en el Perú (2009-2018).* Lima : SNMPE.

（おかだ・いさむ：名古屋大学）

ウクライナにおける政軍関係の構造的変容
——紛争後の国軍改革と自警団の台頭——

松嵜英也 ［津田塾大学］

1 紛争と政軍関係

軍の政治介入の抑制は，比較政治学の古典的な問題でありながらも，国内秩序や民主主義の維持に不可欠とされており，文民統制のあり方や制度の持続をめぐる研究が蓄積されつつある（Huntington 1957；Janowitz 1959；Finer 2017）。

他方で，一度政軍関係の構造が確立されても，そのあり方は固定的ではなく，戦争や紛争などの軍事危機はそれを変化させる一因になる（Biddle and Long 2004；Brooks 2007）。いかに武力紛争は政軍関係の構造を変えるのか。この問いは，従来重要と見なされてきた軍事脅威と政軍関係の理解を深めることに繋がる（Desch 1999；Feaver 2003；Mcmahon and Slantchev 2015）。

ウクライナの事例は，紛争と政軍関係の関係を考える上で有益である。ウクライナではソ連末期から2000年代前半にかけて，軍が共産党の軍から国軍へと変貌し，大統領が軍を統制し，議会がそれを監督する政軍関係の構造ができた。しかし，2014年のウクライナ紛争を境として国軍改革が推進され，各地では自警団が発足するなど，軍事組織に変化が見られる。また憲法体制が変更されて，半大統領制が大統領・議院内閣型（president-parliamentary system）から首相・大統領型（premier-presidential system）に移行し，欧州統合を目指すペトロ・ポロシェンコが大統領に就任

したなど，文民のあり方も変化した。先行研究では，紛争に伴う憲法体制の変更と政軍関係の構造的変容を関連付ける作業が特に不足しており，ウクライナ紛争が政軍関係の構造に与えた影響は明らかにされていない。

　本稿では，憲法体制の変更に着目して，国軍改革と自警団の台頭を分析し，紛争が政軍関係の構造に与えた影響を考察する。それによって，紛争の最中の憲法体制の変更によって，ウクライナ軍と内務省部隊の管轄の異なる状況が生まれ，国軍改革と自警団の台頭，その再編が進んだことで，政軍関係の構造が大統領の軍統制から大統領と議会による軍事組織の分割管理へと変化したことを明らかにする。

2　先行研究

　ウクライナの文民統制の起源は，社会主義時代に見出される。ティモシー・コルトンやアンドリュー・コッティらによると，共産党の機関が軍を統制し，軍の政治介入が抑制されていた（Colton 1979；Cottey, Edmunds and Forster 2003）。党軍関係の起源をめぐっては議論が分かれるが，社会主義時代に政軍関係の構造的な原型ができた点では，共通の了解がある（Mychajlyzyn and Riekhoff 2004；乾 2011）。

　党の軍統制はソ連解体期に大きく変貌し，ソ連の一部だったウクライナ共和国に配備されていた党の軍が国軍として再編された（Kuzio 1995）。党から大統領へと権力が移譲されたことで，軍の統制主体も党から大統領へと移行し，1996年憲法と文民統制法でそれが制度化された[2]。こうしてウクライナでは，大統領の軍統制の様式ができた。

　デイビット・ベッツらは，ウクライナと中東欧諸国の比較分析を通して，文民統制を強化させた国はNATOの加盟候補国だったと論じる（Betz 2004；Mychajlyzyn and Riekhoff 2004）。当時のウクライナは，ロシアとヨーロッパの架け橋になることを目指し，中立国の地位を選択していた。またクリミアの黒海艦隊をめぐるロシアとウクライナの対立やオレンジ革

命などは起きたが，明確な軍事脅威は存在しなかった（Kuzio 2007：
185-221）。そのため，ソ連時代のウクライナ共和国から引き継いだ軍を近
代化させる誘因はなく，文民統制のあり方も研究の争点になりにくかった。

　しかし近年の研究は，2014年のウクライナ紛争が文民と軍のあり方を変
えたことを明らかにしている。紛争では首都の抗議活動の拡大のなかで，
ヴィクトル・ヤヌコーヴィチ体制が崩壊したうえに，クリミアはロシア編
入を決定し，ドンバスでは政府と反乱勢力の戦闘が発生している。この紛
争と軍事組織のあり方に関して，例えばアレクセイ・ラムとニコラフス
キーは動員体制の構築に着目し，ウクライナ軍の司令部や兵団の構造の変
化などを明らかにした（Ramm and Nikolsky 2015）。アンドリュー・
ウォルフやレベッカ・ムーアは，NATOとウクライナの関係を分析し，
NATO支援の軍改革の推進などを考察する（Moore 2017；Wolff 2017）。
さらに戦闘では，地元住民や外国人兵士などからなる自警団が各地で発足
している（Saressalo and Huhtinen 2018）。

　また後述するが，ウクライナには1996年憲法体制と2004年憲法体制があ
る。紛争の最中に，1996年憲法体制から2004年憲法体制への変更が合意さ
れ，欧州統合を目指す文民政治家が政権を担ったなど，文民のあり方にも
変化が見られる（松嵜 2019b）。

　つまり紛争が文民と軍の様態を変えたならば，政軍関係の構造にも何ら
かの変化を促したのではないだろうか。紛争の発生後のウクライナは，欧
州統合を目指し，文民統制のあり方を変える誘因もあると考えられる。し
かし先行研究は，ロシアの介入の様相やロシアと欧米の関係などに集中し
ており，紛争が政軍関係の構造に与えた影響は相対的に分析されていない
（Moore 2017；Wolff 2017；D'Anieri 2019；Rotaru 2019）。

　前述のラムらの研究では，その主眼は戦術的な側面にあり，文民政治家
による軍改革の着手や軍事ドクトリンなどの分析が不足している。ヴヤ
チェスラフ・ツェルィコやテトゥアナ・マルアレンコらは，東部の戦闘と
関連付けながら軍改革を論じたが，政軍関係の構造的変容は明らかにされ

ていない（Tseluyko 2015；Malyarenko and Galbreath 2017）。例外とし
てロザリア・プグリシは，市民社会の活性化に着目し，自警団の台頭や軍
改革を分析したが，憲法体制の変更と政軍関係の構造的変容を関連付ける
作業が不足している（Puglisi 2015ab）。プグリシは，ウクライナではパト
ロン・クライアント関係が重要であり，議会は二義的な役割であると指摘
したが，憲法体制の変更により，安全保障の面でも大統領から議会に権限
が委譲されたはずである（Puglisi 2017：46-47）。政軍関係の構造的変容
は，市民社会の活性化だけでは説明できず，公式制度の分析も必要である。
　本稿では憲法体制の変更に着目しながら，国軍改革と自警団の台頭を分
析し，紛争が政軍関係の構造に与えた影響を明らかにする。そのために主
に『ウクライナ・プラウダ（*Ukrains'ka Pravda*)』を初めとする新聞資料，
議会の議事録，ウクライナとNATOの協力の規範文書などを用いて，軍
改革の過程を分析する。その上で，自警団の一員として戦闘に参加した兵
士の回顧録の『ドンバス大隊』，司令官や政府高官の言説を集めた書籍の
『自警団』を補足的に用いて，自警団の台頭やその再編を明らかにする。

3　国軍改革

（1）　2004年憲法体制における政軍関係の構造

　2013年にヤヌコーヴィチ大統領がEUとの連合協定署名の締結を撤回す
ると，キエフで抗議活動が活発化した。特に政府が内務省の部隊を投入す
ると，デモは過激化した。政府と野党は危機解決の案に合意するも，自由
党や右派セクター党の部隊は武装闘争を展開し，ヤヌコーヴィチがロシア
に逃亡したことで，体制は崩壊した（D'Anieri 2019；小泉 2019）。
　その過程で，大統領と野党は憲法体制の変更に合意した。ウクライナに
は，1996年憲法体制と2004年憲法体制がある。1996年憲法体制では内閣が
大統領と議会に責任を負うのに対し，2004年憲法体制では議会だけに責任
を負っており，前者は半大統領制の大統領・議院内閣型，後者は首相・大

統領型に分類される（松嵜 2019a；松里 2021：244-298）。紛争を境に
1996年憲法体制から2004年憲法体制へと変更された。[3]

　2004年憲法体制では，政軍関係の構造はどのような特徴を持つのか。ウ
クライナの軍事力は，国軍の正規軍と内務省部隊の準軍事組織から構成さ
れる。正規軍は陸軍と海軍，空軍の 3 つの軍種と空挺部隊，特殊作戦部隊
の 2 つの独立兵科から成る。例外はあるが，準軍事組織は内務省の管轄す
る国家親衛隊や国境警備隊，民間人保護部隊などから構成される
（Galeotti 2019：41-63）。正規軍は防衛省に所属し，大統領を最高司令官
とする。大統領は，軍事ドクトリンや国防予算案の作成などに携わる国家
安全保障・防衛会議の議長も兼ねる。これらは1996年憲法体制と概ね変
わっていない。

　他方で，内務省の準軍事組織の監督は大きく変化した。1996年憲法体制
では，大統領が内務大臣の任免権を持ち，準軍事組織も大統領が監督した。
しかし2004年憲法体制では，議会が首相の推薦に従って内務大臣を任命し，
その部隊を主に監督するようになった。[4]

　なかでも，内務省の国家親衛隊の機能は大きく変化した。従来の国家親
衛隊は，社会秩序の維持や犯罪を取り締まる部隊だったが，「ウクライナ
内務省の内務軍についての法」の無効化と「ウクライナの国家親衛隊につ
いての法」によって，国軍とともに東部の軍事作戦への参加が可能になっ
た。[5]大統領は，政府の重要施設の防衛などに関する指令には関与できるが，
内務大臣が各地の部隊の司令官を任命し，国家親衛隊に対する軍事や政治
的な指令を実現するなど，議会の任命する内務大臣が部隊の活動に責任を
負う。こうしてウクライナでは，憲法体制の変更によって，大統領の国軍
と議会の準軍事組織が並立する余地が生まれた。

（2）　ポロシェンコ大統領と軍改革の萌芽

　ヤヌコーヴィチ体制の崩壊後，オレクサンドル・トゥルチノフ大統領代
行とアルセニー・ヤツェニューク首相の暫定政権が発足された。しかし反

乱勢力は，ドネツィク州とルハンシク州の主要部分を支配し，それをドネツク人民共和国とルガンスク人民共和国と命名したなど，暫定政権は安全保障の問題に直面した。暫定政権はドネツィク州とルハンシク州，そして当初はハリキウ州を反テロ作戦地区と名付けて，軍事組織を総動員し，反テロ作戦を開始した。[6]

　こうしたなかで，ポロシェンコが大統領に選出された。彼の最優先課題はクリミアと東部の諸問題を解決させ，主権と領土の一体性を回復させることだった。そのために，彼は「改革の戦略─2020」を掲げた。この改革の戦略は，ウクライナの発展の方向と優先事項を定めた計画であり，さまざまな制度改革を通して，市民の生活を欧州レヴェルの水準に引き上げ，分離独立問題を解決させ，EUとNATOに加盟するものである（松嵜2019b）。「改革の戦略─2020」で，軍改革は優先的な課題に位置付けられたことから，その萌芽は大統領の計画で見られたと言える。

　ポロシェンコの大統領就任後，暫定政権は総辞職し，期限前の議会選挙が実施された（Dzerkalo Tizhnia 2014/7/4）。彼は議会選挙と連立交渉に介入し，ペトロ・ポロシェンコ選挙ブロックと人民戦線党，自助党と急進党，祖国党からなる連立政権を発足させた。ヤツェニューク首相は議会の総会で演説し，連立合意の基礎にはウクライナの欧州統合があり，危機から即座に抜け出すために，現行の諸制度を欧州の基準と一致させることが重要だと述べた。[7]

　同時にポロシェンコは，ドネツク人民共和国とルガンスク人民共和国をテロ組織と認定し，反乱勢力を支援するロシアを批判し，両州を一時的に占領された領域と命名した。彼は非常事態宣言やウクライナ軍の増員と兵士の招集の大統領令を発動し，反乱勢力の占領地の往来に許可制を導入したなど，動員体制が構築されていった（*Ukraïns'ka Pravda* 2015/2/20）。

（3）　軍事ドクトリンと国家安全保障戦略

　ポロシェンコ政権の発足後，議会の国家安全保障と防衛問題のセル

ヒー・パシンシキー委員長は，ウクライナの欧州統合の路線の規定が不可欠であると述べ，対外政策の原則の修正を議会に要求した[8]。議会では，従来の中立国の地位がロシアの軍事介入を招いたと見なされ，その地位が破棄され，国家安全保障・防衛会議が新たな軍事ドクトリンと国家安全保障戦略を策定した（*Ukrains'ka Pravda* 2015/9/2）。

　軍事ドクトリンでは，ウクライナの安全保障認識が書かれている[9]。それによると，ロシアのクリミアとセヴァストーポリの併合やロシア軍の増強などは，ウクライナへの領域的要求であり，主権と領土の一体性を侵害した。それは同国だけでなく，国際社会を不安定化させている。またロシア軍は隣国のモルドヴァの沿ドニエストルにも配備され，ウクライナ南部に侵攻する可能性もある。

　そのため軍事ドクトリンでは，ロシアはウクライナの脅威であると明記された。これを踏まえ，その目的はロシアの侵攻を撃退し，防衛力を高め，東部の紛争の激化を抑制させることだった。議会の臨時総会では，国連や欧州議会などにロシアを侵略国として認定するよう求める声明が発表された[10]。

　しかしロシアとウクライナの間には軍事力の差があり，ウクライナだけでこの目的は達成できない。そこで軍事ドクトリンでは，NATOをウクライナの特別なパートナーに位置付け，国軍とNATO軍の相互運用性を高めることで，国軍をNATO軍の基準に近づけることが目指された。そのために，NATO諸国と協働して軍改革を実施すると明記された。防衛大臣第一代理のイヴァン・ルスナクは，NATOの基準に従った軍改革は対内と対外政策の優先事項であり，軍改革を通じ，軍事脅威に対して効果的に対応できると述べた[11]。ヤツェニュークはオデッサの士官学校で，NATO加盟はウクライナの目的であり，そのために国軍をNATO軍の基準に合致させる必要があると主張し，ポロシェンコはウクライナがNATOの基準と完全に合致した際に，国民投票でその加盟を決定すると述べた（*Ukrains'ka Pravda* 2015/9/1；*Ukrains'ka Pravda* 2015/11/23）。

国家安全保障戦略でもロシアを脅威認定し，NATOを特別なパートナーに位置付けた[12]。国家安全保障戦略では，具体的な改革の内容が定められ，NATOと協力しながら，軍の効率化や設備の刷新，特殊部隊の設置などに取り組むと明記された。

（4） NATOの支援

軍改革はウクライナとNATOの会談を通して実現される。NATOはウクライナに加盟希望国の地位を付与し，支援の確立を目的とした「ウクライナのための包括的支援のパッケージ」を策定した[13]。包括的支援ではNATOがウクライナに対し，安全保障部門の助言を実施し，軍教育や輸送システムの改善などの支援が定められた。そのためにトラスト基金が設置され，同盟国の間で費用が分担されている[14]。

NATO支援は概ねトラスト基金の枠組みで実施され，指令，統制，コミュニケーション，コンピューターの包括的改革からサイバーまで多岐に渡る。トラスト基金に加え，国軍はNATOの軍事演習や訓練に参加し，NATO軍との相互運用性を高めている。大統領とNATOのウクライナ・ミッションは年次計画で，ウクライナのNATOとEUへの加盟が外交政策の要になると発表し，軍改革の推進を確認した[15]。NATOが強く求めていた「国家安全保障についての法」も議会で採択され，国家安全保障政策の基本原則などが規定された[16]。

さらにポロシェンコは，ウクライナのNATO加盟の申請を定めた戦略防衛公報を発表し，2019年にはウクライナの欧州統合が不可逆であり，EUとNATO加盟を申請する旨が憲法に明記され，大統領はEUとNATO加盟を実現する保証者として規定された[17]。

4　自警団の台頭と再編

こうして国軍改革が進展しながらも，正規軍との境が曖昧な自警団も台

図1　内務省の巡視部隊と国家親衛隊

①ヴィンニィツャ大隊　②スヴィティヤズ中隊　③ドニプロ1連隊／リヴバス中隊／シィチェスラフ
中隊　④シキフ大隊　⑤イヴァノ・フランキフシク中隊　⑥調停者連隊／キエフ連隊　⑦キロヴ
ォフラド大隊　⑧ルハンシク1大隊　⑨リヴィウ大隊　⑩ミコライウ中隊　⑪嵐大隊　⑫ポル
タヴァ大隊　⑬スミ中隊　⑭テルノピリ中隊　⑮ハリキウ大隊／東部軍団中隊　⑯ヘルソン中隊
⑰ボフダン中隊　⑱チェルニヒフ中隊

出典：Hladka, Kateryna. P. ta in. (2017) *Dobrobaty : Istoriia Podvyhu Batal'ioniv, shcho Vriatuvaly*
Krainu, Dodatok 6, Kharkiv : Folioを参照し，筆者作成。

　頭した。これまで軍改革を実施してこなかったウクライナには東部の軍管
区が存在せず，戦闘開始の当初，国軍は反乱軍の攻撃に対応できなかった
(Ramm and Nikolsky 2015)。その代わりに，現地で発足された自警団が
反乱軍の占領地を解放し，大きな役割を果たしてきた。

　アゾフ大隊によるドネツィク州マリウポリの解放は，その代表例である。
アゾフ大隊は，外国人兵士や地元住民，首都の抗議運動の参加者などで構
成され，新興財閥でドニプロペトロウシク州知事だったイホール・コロモ
イシキーから資金援助を得て設立された（Saressalo and Huhtinen 2018)。
『自警団』では，主要な戦闘の経緯が関係者の言説とともに書かれている。
それによると，反乱軍がノヴォアゾフシクからマリウポリに侵攻し，一時

的に占領した際，アゾフ大隊はドニプロ1大隊やヴィンニィツャ大隊など
とともに，反乱軍を撃退し，マリウポリを解放した（Myronova 2017）。
当時のドネツィク州知事だったセルヒー・タルタは，アゾフ大隊のノヴォ
アゾフシクの攻撃後，情勢が安定したと述べている（Myronova 2017：
218）。この戦闘でアゾフ大隊は連隊に昇格し，内務省の国家親衛隊になっ
た。

　アイダール大隊は，国防省の部隊になってルハンシク州の国境警備に携
わったが，それ以外の自警団は，かつてのハリキウ州知事のアルセン・ア
ヴァコフ内務大臣などが関与し，内務省の巡視部隊や国家親衛隊に転化し，
図1から分かるように，それはウクライナ全土で成立した[18]。国家親衛隊と
なったドンバス大隊は，ミンスク議定書の合意後に発生したドネツィク空
港やデバリツェヴェなどの大規模な戦闘の前線に配備され，国軍と戦闘に
参加したなど，大きな役割を果たした（Trofymovych 2017）。

　現地の自警団が内務省部隊に転化される上で，政府はその司令官に特権
的な地位を与えた。例えば，アゾフ連隊の司令官のアンドリー・ビレツ
キーやドニプロ1大隊のユーリー・ベレザ，ドンバス大隊のセメン・セメ
ンチェンコなどは，人民戦線や右派セクターなどの政党の党員として議員
になり，議会の国家安全保障と防衛問題の委員会に加わった。国家安全保
障と防衛問題の委員会は，関係省庁から反テロ作戦の遂行などに関する意
見を聴取して，安全保障関連の法案を立案し，議会に対して，法案の審議
や採択を求める委員会である。

　「軍人とその家族の社会，法的な保障についての修正の付記」は，この
委員会が大きな役割を果たした修正案である[19]。委員会は，反テロ作戦への
市民の参加の動機付けに関する公聴会を開催し，内務省の部隊員の社会保
障の充実が反テロ作戦の遂行に不可欠とし，その家族への経済的な支援も
盛り込むよう求めた[20]。同委員会は反テロ作戦における国家親衛隊の重要性
を指摘し，国軍と内務省部隊の同等の社会保障を要求したなど，準軍事組
織に転化した自警団と議会は互恵関係にあると言える[21]。

　しかしそれにより戦闘では，複数の軍事組織が混在する状況が生まれ，反テロ作戦が阻害されている。前述のようにウクライナでは，憲法体制の変更によって，大統領が国軍の最高司令官でありながら，議会が内務省の部隊を監督し，それは国軍とともに反乱勢力との戦闘に参加している。国軍と内務省部隊の軍事活動は調整されているとは言い難く，例えば部隊の撤退を強いられたイロヴァイシクの戦闘で見られたように，軍事組織間の連携不足や指揮系統の麻痺などが起こっている（Trofymovych 2017）。現に防衛省は，その軍事活動の展開を分析し，敗因の一つに軍事組織間の連携不足があったことを認めている[22]。

　また当事者の手記からは，自警団や内務省の部隊は必ずしも計画的に戦闘に参加せず，むしろ戦場の成り行きに任せて行動したことが分かる。例えばイーゴリ・ロディンは，ドンバス大隊の一員としてイロヴァイシクの戦闘に参加したが，セメンチェンコ大隊長が負傷し，反乱軍に包囲されるなかで，他の自警団と連携しながら，臨機応変に活動した様子を描いた（Rodin 2019：71-91）。セメンチェンコは，ロシア軍の活動が活性化したなかで，パトロールに従事していたドンバス大隊にイロヴァイシクを制圧するよう命令したと述べた（Trofymovych 2017：239）。

　さらに，ステパン・ポルトラク防衛大臣は，国家親衛隊が国軍の背後で戦場荒らしを行ったと述べ，内務省の部隊に対する訓練の必要性を強調するなど，部隊は戦闘に参加する前に十分な訓練を受けたとも言い難い（Shevchenko 2017：281）。ロディンの自伝では，ドンバス大隊の募集を見つけてから入隊するまでの経験も詳細に記述されるが，事前に十分な訓練を受けた形跡は見られない（Rodin 2019：5-39）。またアゾフ連隊の一部は，反テロ作戦に反対する集会を妨害したのに加え，政党の国家団党を結成し，正規の外国人部隊の創設や核兵器の復活を要求したなど，その活動が過激化している（*Ukrains'ka Pravda* 2016/10/14）。

　こうしたなかで，国家安全保障と防衛問題の委員会は，大統領に軍事活動の調整を求めた[23]。しかし，ポロシェンコ大統領が内務省の部隊の指揮権

を議会に要求した際に，議会はそれに応じず，内務省部隊の管轄が議会から大統領に移譲されるには至っていない（*Ukrains'ka Pravda* 2015/12/23）。むしろ大統領と議会の対立が起こって連立政権が分裂し，ヤツェニューク首相が辞任するなど，軍事組織の並立をめぐる問題は解消されていない（*Ukrains'ka Pravda* 2016/2/17）。

5　憲法体制の変更と政軍関係の構造的変容

　本稿では，ウクライナ紛争と政軍関係の関連について，憲法体制の変更に着目して，国軍改革と自警団の台頭や再編を分析した。その検討の結果，紛争に伴う憲法体制の変更によって，国軍と内務省部隊の管轄の異なる状況が生まれ，国軍改革と自警団の台頭，その再編が起こったことで，大統領の国軍と議会の準軍事組織が並立したことを明らかにした。政軍関係の構造は，大統領の軍統制から大統領と議会による軍事組織の分割管理に変化したと言える。紛争の最中の憲法体制の変更によって，軍事組織の並列構造ができたことは，管見の限り先行研究では見られず，新たな知見である。

　ただし国軍と内務省部隊の並立は，ウクライナ紛争の発生後が初めてではない。2004年憲法体制はユーシチェンコ政権でも成立した。しかし当時は，対内と対外的な軍事脅威はなく，またソ連時代のウクライナ共和国から引き継いだ軍は近代化されず，政軍関係の構造的な特性は不明確だった。ウクライナ紛争において，国軍改革の進展と自警団の台頭が起こり，戦闘でその政軍関係の構造的な課題が浮き彫りになったことで，2004年憲法体制における軍事組織の並列構造の特徴が明らかになったと言える。

　これは近年の政軍関係論の議論と符合する。例えばウルリッヒ・ピルスターとトビアス・ボンメルトは，クーデターの阻止のために，政府が国軍とは別の軍事組織などをつくる「クーデター耐性（coup-proofing）」が軍事作戦に及ぼす効果を検証し，クーデター耐性は指揮官のリーダーシップ

を弱体化させ，軍事作戦に負の影響を及ぼすと主張した（Pilster and Bönmelt 2011）。クーデター耐性の事例は主に中東諸国であり，チュニジアやリビアなどでも国軍と準軍事組織の並立は見られている（岩坂 2018）。

　これに対して，ウクライナの場合，軍事脅威は対外的なものであり，内務省の部隊は反乱勢力との戦闘で，国軍と基本的に協力しているという違いがある。つまりウクライナでは，チュニジアやエジプトのように，政権をめぐって国軍と準軍事組織が対立しておらず，また過激化している一部の部隊も政権奪取を目指していない。そのため，ウクライナは，対外的な脅威に伴う憲法体制の変更によって，国軍と準軍事組織が並立した事例として，政軍関係研究に位置付けられる。本稿はこれを発見した点で，理論的な示唆を持つと考えられる。

　ただし，本稿には課題もある。本稿の執筆時では現地調査が困難であり，自警団のリクルートや内務省部隊への転換プロセスなどは，十分に明らかにできていない。また紙幅の関係で，ユーシチェンコ政権との比較も不十分である。これらは今後の課題としたい。

付記

　本稿は，日本比較政治学会2020年度研究大会の分科会A「民主政治の存続と文民統制の比較政治学」での報告「ウクライナにおける大統領の国軍統制の強化：2014年政変後の軍改革の事例研究」を大幅に加筆修正したものである。改稿にあたり，岩坂将充会員と濱中新吾会員，2名の査読者の先生方から貴重なコメントを頂いた。記して感謝したい。なお，本研究は，科学研究費補助金・若手研究「ユーラシアの未承認国家と半大統領制の起源の政治学的研究」（課題番号：19K20538）による成果の一部である。

注

1）　ウクライナ紛争は，「尊厳の革命」や「ユーロマイダン」とも言われるが，革命なのか，否かは議論が分かれる（Matsiyevsky 2018；D'Anieri 2019）。本稿ではより中立的な「ウクライナ紛争」の用語を用いる。

2 ）　独立期では，一時的に議会が軍統制の主体になった（Kuzio 1995：39）。

3 ）　1996年憲法体制はレオニード・クチマとヤヌコーヴィチ大統領，2004年憲法体制
はヴィクトル・ユーシチェンコとポロシェンコ，ヴォロディーミル・ゼレンシキー
大統領のときに採用された。

4 ）　Zakon Ukrainy, "O Vnesenii Izmenenii v Konstitutsiiu Ukrainy," *Vedomosti
Verkhovnoi Rady Ukrainy,* 2005/10/5, No. 5（65-73）.

5 ）　Zakon Ukraïny, "Pro Natsional'nu Hvardiiu Ukraïny," 2014/3/13, No. 876.
〈https://zakon.rada.gov.ua/laws/show/876-18#Text〉（2021年 4 月 7 日最終閲覧日，
以下URLの確認日は同じ）。

6 ）　「反テロ作戦」の名称は，のちに「ドネツィクとルハンシクにおける国家安全保
障と防衛，ロシアの軍事進攻の撃退と阻止に関する統合軍の作戦」と変更された。

7 ）　Verkhovna Rada Ukraïny, 〈https://iportal.rada.gov.ua/news/Plenarni_zasidan
nya/100024.html〉.

8 ）　Verkhovna Rada Ukraïny, 〈https://iportal.rada.gov.ua/news/Povidomlennya/
99733.html〉.

9 ）　Ukaz Prezydenta Ukraïny, "Pro Rishennia Rady Natsional'noï Bezpeky i
Oborony Ukraïny vid 2 Veresnia 2015 Roku «Pro Novu Redaktsiiu Voiennoï
Doktryny Ukraïny»," 2015/09/24, No. 555. 〈https://zakon.rada.gov.ua/laws/
show/555/2015#Text〉.

10）　Verkhovna Rada Ukraïny, 〈https://iportal.rada.gov.ua/news/Plenarni_zasidan
nya/102596.html〉.

11）　Verkhovna Rada Ukraïny, 〈https://iportal.rada.gov.ua/news/Plenarni_zasidan
nya/127557.html〉.

12）　Rishennia Rady Natsional'noï Bezpeky i Oborony Ukraïny, "Pro Stratehiiu
Natsional'noï Bezpeky Ukraïny," 2015/05/26, No. 287. 〈https://zakon.rada.gov.
ua/laws/show/n0008525-15〉.

13）　Mission of Ukraine to the North Atlantic Treaty Organization, "NATO-
Ukraine Cooperation in the Field of Defense and Security," 〈https://nato.mfa.
gov.ua/en/ukraine-and-nato/nato-ukraine-cooperation-field-defence-and-security〉.

14）　North Atlantic Treaty Organization, "NATO-Ukraine Trust Funds," 〈https:
//www.nato.int/cps/en/natolive/topics_153288.htm〉.

15）　Mission of Ukraine to the North Atlantic Treaty Organization, "Annual
National Programme under the Auspices of NATO-Ukraine Commission for

2020," 〈https: //nato. mfa. gov. ua/en/documents/annual-national-programme-un
der-auspices-nato-ukraine-commission-2018〉.

16) Verkhovna Rada Ukraïny. 〈https://iportal. rada.gov.ua/news/Novyny/154062.
html〉. Zakon Ukraïny, "Pro Natsional'nu Bezpeku Ukraïny," 2018/6/21, No. 2469.
〈https://zakon.rada.gov.ua/laws/show/2469-19#Text〉.

17) Ukaz Prezydenta Ukraïny, "Pro Rishennia Rady Natsional'noï Bezpeky i
Oborony Ukraïny vid 20 Travnia 2016 Roku «Pro Stratehichnyĭ Oboronnyĭ
Biuleten' Ukraïny»," 2016/6/6, No. 240. 〈https://zakon.rada.gov.ua/laws/show/
240/2016#n251〉. Zakon Ukraïny, "Pro Vnesennia Zmin do Konstytutsiï Ukraïny
(shchodo Stratehichnoho Kursu Derzhavy na Nabuttia Povnopravnoho Chlenstva
Ukraïny v Ievropeïs'komu Soiuzi ta v Orhanizatsiï Pivnichnoatlantychnoho
Dohovoru)," 2019/02/07, No. 9. 〈https://zakon.rada.gov.ua/laws/show/2680-19〉.

18) 全ての部隊が一律に発足されたかについては定かではなく，今後の課題としたい。

19) Zakon Ukraïny, "Pro Vnesennia Zminy do Statti 11 Zakonu Ukraïny «Pro
Sotsial'nyĭ i Pravovyĭ Zakhyst Viĭs'kovosluzhbovtsiv ta Chleniv ïkh Simeï»,"
2015/11/3, No. 742. 〈https://zakon.rada.gov.ua/laws/show/742-VIII#Text〉.

20) Verkhovna Rada Ukraïny, 〈https://iportal. rada.gov.ua/news/Novyny/102755.
html〉.

21) Verkhovna Rada Ukraïny, 〈https://iportal. rada.gov.ua/news/Povidomlennya/
94736.html〉.

22) Ministerstvo Oborony Ukraïny, "Analiz Boïovykh diï v Raĭoni Ilovaïs'ka pislia
Vtorhnennia Rosiĭs'kykh Viĭs'k 24-29 Serpnia 2014 Roku," 〈https://www.mil.gov.
ua/news/2015/10/19/analiz-illovausk--14354/〉.

23) Verkhovna Rada Ukraïny, 〈https://iportal. rada.gov.ua/news/Povidomlennya/
92266.html〉.

参考文献

〈邦語文献〉

乾一宇（2011）『力の信奉者ロシア──その思想と戦略』JCA出版。

岩坂将充（2018）「政軍関係研究の螺旋的発展に向けて」『国際政治』190号，145-154
頁。

小泉悠（2019）『「帝国」ロシアの地政学──「勢力圏」で読むユーラシア戦略』東京
堂出版。

松嵜英也（2019a）「オレンジ革命後のウクライナにおける半大統領制の機能不全——執政部門内の紛争の発生過程の解明」『ロシア・東欧研究』47号，117-130頁。

───（2019b）「ウクライナの連立合意——最高ラーダの多数派を巡る支持調達の分析」『ロシア・ユーラシアの経済と社会』1043号，2-13頁。

松里公孝（2021）『ポスト社会主義の政治——ポーランド，リトアニア，アルメニア，ウクライナ，モルドヴァの準大統領制』ちくま新書。

〈外国語文献〉

Betz, David J. (2004) *Civil-Military Relations in Russia and Eastern Europe*, London : Routledge.

Biddle, S., and S. Long (2004) "Democracy and Military Effectiveness : A Deeper Look," *Journal of Conflict Resolution* 48 (4) : 525-546.

Brooks, Risa (2007) "Civil-Military Relations and Military Effectiveness : Egypt in the 1967 and 1973 Wars," in Risa Brooks and Elizabeth Stanley (ed.), *Creating Military Power : The Sources of Military Effectiveness* : 106-135. Stanford : Stanford University Press.

Colton, Timothy J. (1979) *Commissars, Commanders, and Civilian Authority : The Structure of Soviet Military Politics*, Massachusetts : Harvard University Press.

Cottey, A., T. Edmunds, and A. Forster (2003) *Democratic Control of the Military in Post-Communist Europe : Guarding the Guards*, Hampshire : Palgrave Macmillan.

D'Anieri, Paul J. (2019) *Ukraine and Russia : From Civilized Divorce to Uncivil War*, New York : Cambridge University Press.

Desch, Michael C. (1999) *Civilian Control of the Military : The Changing Security Environment*, Baltimore : The Johns Hopkins University Press.

Feaver, Peter D. (2003) *Armed Servants : Agency, Oversight, and Civil-Military Relations*, Cambridge : Harvard University Press.

Finer, Samuel E. (2017) *The Man on Horseback : The Role of Military in Politics*, London : Routledge.

Galeotti, Mark (2019) *Armies of Russia's War in Ukraine*, Oxford : Osprey Publishing.

Huntington, Samuel P. (1957) *The Soldier and the State : The Theory and Politics of Civil-Military Relations*, Massachusetts : The Belknap Press of Harvard

University Press.

Janowitz, Morris (1959) *Sociology and the Military Establishment*, New York : Russell Sage Foundation.

Kuzio, Taras (1995) "Civil-Military Relations in Ukraine, 1989–1991," *Armed Forces and Societies* 22 (1) : 25–48.

———— (2007) *Ukraine-Crimea-Russia*, Stuttgart : Idiem.

Malyarenko, T., and D. Galbreath (2017) "Paramilitary Motivation in Ukraine : Beyond Integration and Abolition," in Tracey German and Emmanuel Karagiannis (ed.), *The Ukrainian Crisis : The Role of, and Implications for, Sub-State and Non-State Actors* : 113–138. London : Routledge.

Matsiyevsky, Yuriy V. (2018) "Revolution without Regime Change : The Evidence from the Post-Euromaidan Ukraine," *Communist and Post-Communist Studies* 51 (4) : 349–359.

Mcmahon, B., and B. Slantchev (2015) "The Guardianship Dilemma : Regime Security through and from the Armed Forces," *American Political Science Review* 109 (2) : 297–313.

Moore, Rebecca R. (2017) "The Purpose of NATO partnership : Sustaining Liberal Order beyond the Ukraine Crisis," in Rebecca Moore and Damon Coletta (ed.), *NATO's Return to Europe : Engaging Ukraine, Russia and Beyond* : 167–192. Washington : Georgetown University Press.

Mychajlyzyn, N., and H. Riekhoff (2004) *The Evolutions of Civil-Military Relations in East-Central Europe and the Former Soviet Union*, Westport : Praeger.

Myronova, Veronika. B. (2017) "Rol' «Azova» i Serhiia Taruty u Zakhysti Mariupolia," in Kateryna Hladka. P., Dmytro Hromakov. V., Veronika Myronova. B., Ol'ha Pluzhnyk. O., Oleh Pokal'chuk. V., Ihor Rudych. I., Vasilisa Trofymovych. A., Artem Shevchenko. V. (ed.), *Dobrobaty : Istoriia Podvyhu Batal'ioniv, shcho Vriatuvaly Kraïnu* : 210–221. Kharkiv : Folio.

Pilster, U., and T. Bönmelt (2011) "Coup-Proofing and Military Effectiveness in Interstate Wars, 1967–99," *Conflict Management and Peace Science* 28 (4) : 1–20.

Puglisi, Rosaria (2015a) "Heroes or Villains? Volunteer Battalions in Post-Maidan Ukraine," *IAI Working Papers* 15 (8) : 1–20.

———— (2015b) "A People's Army : Civil Society as a Security Actor in Post-

Maidan Ukraine," *IAI Working Papers* 15 (23) : 1-24.

———— (2017) "Institutional Failure and Civic Activism : The Potential for Democratic Control in Post-Maidan Ukraine," in Aurel Croissant and David Kuehn (ed.), *Reforming Civil-Military Relations in New Democracies : Democratic Control and Military Effectiveness in Comparative Perspectives* : 41-61. Cham : Springer.

Ramm, A., and A. Nikolsky (2015) "Reorganization under Crisis : Development of Ukraine's Defense and Security," in Howard Colby and Ruslan Pukhov (ed.), *Brothers Armed : Military Aspects of the Crisis in Ukraine Second Edition* : 250-275. Minneapolis : East View Press.

Rodin, Igor'. B. (2019) *Batal'on «Donbas»-Zapiski Dobrovol'tsa*, Khar'kov : Folio.

Rotaru, Vasile (2019) "Mimicking' the West? Russia's Legitimation Discourse from Georgia War to the Annexation of Crimea," *Communist and Post-Communist Studies* 52 (4) : 311-321.

Saressalo, T., and A. -M. Huhtinen (2018) "The Information Blitzkrieg : Hybrid Operations Azov Style," *The Journal of Slavic Military Studies* 31 (4) : 423-443.

Shevchenko, Artem. V. (2017) "Interv'iu z Ministrom Oborony Ukraïny Stepanom Poltorakom," in Kateryna Hladka. P., Dmytro Hromakov. V., Veronika Myronova. B., Ol'ha Pluzhnyk. O., Oleh Pokal'chuk. V., Ihor Rudych. I., Vasilisa Trofymovych. A., Artem Shevchenko. V. (ed.), *Dobrobaty : Istoriia Podvyhu Batal'ioniv, shcho Vriatuvaly Kraïnu* : 271-283. Kharkiv : Folio.

Trofymovych, Vasilisa. A. (2017) "Debal'tsve," in Kateryna Hladka. P., Dmytro Hromakov. V., Veronika Myronova. B., Ol'ha Pluzhnyk. O., Oleh Pokal'chuk. V., Ihor Rudych. I., Vasilisa Trofymovych. A., Artem Shevchenko. V. (ed.), *Dobrobaty : Istoriia Podvyhu Batal'ioniv, shcho Vriatuvaly Kraïnu* : 231-245. Kharkiv : Folio.

Tseluyko, Vyacheslav. O. (2015) "Rebuilding and Refocusing the Force : Reform and Modernization of the Ukrainian Armed Forces," in Howard Colby and Ruslan Pukhov (ed.), *Brothers Armed : Military Aspects of the Crisis in Ukraine Second Edition* : 276-296. Minneapolis : East View Press.

Wolff, Andrew T. (2017) "NATO Enlargement Policy to Ukraine and Beyond : Prospects and Options," Rebecca Moore, and Damon Coletta (ed.), *NATO's*

Return to Europe : Engaging Ukraine, Russia and Beyond : 71-96. Washington : Georgetown University Press.

（まつざき　ひでや：津田塾大学）

アラブ首長国連邦におけるインフォーマルな政治と交渉
——部族ネットワークの政治的再利用の検討——*

堀拔功二 ［（一財）日本エネルギー経済研究所］

1 レンティア国家における「アラブの春」と政治運動

　中東では「アラブの春」から10年が経過した。2010年12月からアラブ諸国では民衆から改革や体制打倒を求める声が一気に高まり，それまで頑健さを誇ってきた権威主義体制の国々が次々と倒れていったのである。その一方で，湾岸君主国，すなわちアラブ首長国連邦（UAE），オマーン，カタル，クウェート，サウディアラビア，バハレーンにおいては国民から大小さまざまな改革要求が出されたものの，「アラブの春」を乗り越えることに成功した。湾岸君主国が「アラブの春」を乗り越えられたのは，国民に対して豊富な石油や天然ガス収入をもとにした手厚い給付が可能であり，懐柔することができたからである。[1] また漸進的な政治・社会改革を実施し，国民の不満を和らげるとともに，治安機関による改革派への締め付けも強化した。このような「アメとムチ」の組み合わせは，実に効果的であったのである（石黒編 2017；浜中 2014；堀拔 2012a；2012b；Davidson 2012；Gause 2013；POMEPS 2012；Seikaly and Mattar eds. 2014；Selvik and Utvik eds. 2016）。

　とはいえ，湾岸君主国の国民を君主に忠誠を誓い，統治体制を支持し，恩寵を受け取るだけの静態的な「臣民」と見なすことは適切ではない。国民の要求は各国の政治環境や経済状況によって異なるが，支配家系批判や汚職・腐敗の撲滅，議会改革が共通して叫ばれた。湾岸君主国の中では相

対的に貧しく，また失業や国内経済格差を抱えるバハレーンやオマーンでは，人々は路上に出て抗議活動を行った。中東地域に吹き荒れた「アラブの春」という嵐により，国民の潜在的な不満が表出し，エンパワーされた若者たちや改革派が主張を繰り広げたのである。

　また，これまで国民による政治運動をほとんど経験してこなかったUAEにおいてさえも，同時期に国民から政治改革要求が出されたことは注目に値する。UAEは資源収入に依存する典型的なレンティア国家であり，国民は政治的自由を制限される代わりに経済的な豊かさを享受してきた。しかしながら，2011年3月に，133人の国民が政治改革を求めて大統領宛の建白書に署名・公表し，その後改革派の中心人物や，改革派・リベラル派の受け皿となっていたイスラーム主義団体が摘発される出来事があった（堀拔 2012b；2017）。改革派の行動は，レント配分による政治的安定効果という従来の議論だけでは説明しきれない。さらに，政府はレント配分に耐性を持つ人々に対してどのようなアプローチを選択したのか，興味深い事例を提供してくれる。本稿では，とくにUAEにおける支配体制と国民のインフォーマルな政治制度を通じた交渉に注目し，この問題を論じる。議論を先取りすると，支配体制は改革派とイスラーム主義者を弾圧するとともに，現代UAE政治の文脈においてはフォーマルな政治制度として影響力を持たなくなっていた部族ネットワークを使い，国内社会に圧力をかけた。また国民も自らが所属する部族を通じて体制への忠誠を表明したのである。それでは，なぜ支配体制側は国内社会の引き締めのために部族というインフォーマルな政治制度を使ったのであろうか。

　この問いに答えるため，本稿では次のように議論を進める。第2節では，UAEにおけるフォーマルな政治とインフォーマルな政治について，他の湾岸君主国と比較しながら整理する。第3節では，UAEにおける「アラブの春」の出来事を確認し，支配体制と改革派，およびイスラーム主義者の争点を明らかにする。第4節では，UAEの支配体制が部族ネットワークを使い，いかに改革派を含む国民に圧力を加えていったのかを分析する。

その際，分析する資料として新聞広告を用いる。そして第5節では，本研究の問いに答えた上で，研究上のインプリケーションを提示する。

2　UAEにおけるフォーマルな政治とインフォーマルな政治

はじめに，UAEにおける国民支配のための政治制度を，フォーマルとインフォーマルという区分で簡潔に整理する。ここではフォーマル／インフォーマルについては，ヘルムケとレヴィツキーの定義に従う。すなわち，フォーマルな制度とは「公式に認められたチャンネルを通じて作成，伝達，施行されるルールと手続き」のことで，国家機関や国家が施行する規則などが含まれる。またインフォーマルな制度とは「社会的に共有されるルールで，通常は書かれておらず，公式に認められたチャンネル以外で作成，伝達，施行されるもの」としている（Helmke and Levitsky 2012：88-89）。また，湾岸君主国のフォーマル／インフォーマルな政治制度を比較・参照することにより，UAEの特徴を浮き彫りにしていく。

（1）　フォーマルな政治制度と支配装置としての限界

権威主義国としての湾岸君主国において，政治の目的は支配体制の安全と安定を図ることにある。そのために支配体制側は国民による君主および支配家系への支持を集めようとするし，その一方で反対勢力を懐柔したり，暴力によって抑圧したりする。UAEでは国民支配のためのフォーマルな政治制度としては，下記の五つが重要である。

第一に，制度化された支配体制である。湾岸君主国において，君主たちはただ歴史的に存在するのではない。各国とも，憲法やそれに相当する国家基本法によって政治体制を規定しており，今日でも世襲の君主を政治支配の頂点とするシステムに，政治的正当性と権限を付与しているのである。UAE憲法では，UAEは7首長国によって構成され（第1条），首長が最高権力である連邦最高評議会を構成する（第46条）ことが規定されている。

また，連邦最高評議会に参加する首長が国家元首である大統領を互選で選び（第51条），さらに大統領が法律を署名・公布したり，行政権をもつ首相を指名すること（第54条）ができるとも規定されている[2]。なお，国内のパワーバランスにより，アブダビ首長が大統領に就任し，ドバイ首長が副大統領と首相に就任することが慣習として定着している。

　第二に，政府機構がある。UAEでは連邦政府と首長国政府が，それぞれ憲法で規定された管轄権にもとづいて，省庁や政府関連機関，軍，警察などを通じて権力を行使する。湾岸君主国では，君主が行政権を持つ首相を兼任する国も少なくなく，さらに「主権の諸省」と呼ばれる首相，国防相，外相，内相，財務相などの重要ポストは支配家系内で配分されてきた。それが湾岸君主体制の頑健性の理由の一つである（Herb 1999：松尾2010）。UAEでも，閣僚ポストは支配家系や有力部族の出身者に対する政治資源の配分やパワーシェアリングとして重要な意味を持ってきた。しかしながら，国家が発展し，行政機構が取り扱う対象が複雑化・高度化するに伴い，高い能力や専門的経験を有するテクノクラート出身の閣僚の割合が増えており，今日では必ずしも地縁や血縁だけによって登用されない[3]。また，国民の多くが公務員として政府機関で働く湾岸君主国では，そもそも国民が支配の側に組み込まれているとの指摘は重要である（松尾2010：170-171）。

　第三に，国民支配のための最大の装置としてのレント配分である。いわゆる「レンティア国家論」（Beblawi and Luciani 1987ほか）で論じられてきたように，湾岸君主国は石油・天然ガス収入により財政が支えられており，国民への徴税を行っていない。近年では付加価値税（VAT）が導入され始めているが，歳入に占める割合は小さい。その一方で，国民は税負担なく手厚い教育，医療，住宅，土地，各種補助金，社会福祉サービスを受益することができるし，公務員としての雇用は最大のレント配分である。UAEではUAE人労働力のうち，連邦政府，首長国政府，および官民合弁企業で就労する人の割合は合わせて90%に上る（Federal

Competitiveness and Statistics Authority 2019）。湾岸君主国の中間層は公務員として雇われており、一般的に「君主とも平和的に共存し、政治改革のような論争的な話題でも衝突することは少ない」と指摘されている（Abdulla 2010：15-18）。また、レント配分が政治的安定をもたらす効果については理論的・実証的に説明されてきた（松尾 2016；ロス 2017ほか）。ただし最近では、レント配分は万能ではないとも考えられており、強い政治的信念を持っていたり宗教的動機にもとづいて主張する人々には、レント配分を通じたコオプテーションが効果的ではない可能性が示唆されている（Kinninmont 2016：129-130；Freer 2018： 164, 183；Moritz 2018）[4]。

　第四に、国民の「政治参加」の舞台となる議会である。湾岸君主国にはいずれの国にも議会があり、今日では概ね選挙も実施されている[5]。とはいえ、クウェート、バハレーンを除く湾岸君主国の議会では、立法権を含む政治的権限が著しく制限されている（Herb 2014）。UAEでは2006年に連邦国民評議会（FNC）に選挙が導入され、これまでに4回の選挙が実施されている。しかしながら、完全な普通選挙は未だに実施されておらず、何より議会の政治的機能は政府の諮問機関としての役割に留まっている。また、議会の役割は国民の政治的主張や政府の政策を議論するだけでなく、支配体制にとっては野党や反対勢力を合法的にコオプテーションする機能をもつという点でも重要である（浜中 2009；横田 2014；Lust-Okar 2005；Josua 2011）。議会活動が活発なクウェートでは、シーア派やイスラーム主義者が「疑似政党」を形成し、議会を通じて政府と対峙しているし、政府も議会を通じて取り込みを図っている（石黒 2013；2017）。ただし、UAEではフォーマルな政治制度としての議会機能や選挙に制限があるため、支配体制は反対勢力を効果的にコオプテーションできない可能性がある。

　第五に、管理された「市民社会」である。湾岸君主国における職能団体や宗教団体、市民による活動は許認可制であり、厳しく制限される。労働

組合の設立も認められていない。支配体制側は，これらの団体を潜在的に
体制に挑戦し得るアクターであると見なす一方で，認可を与えることにより活動を管理しようとしている。UAEでは社会省が市民団体の許認可を
行っており，これまでも団体への介入が行われてきた（Davidson 2005：
269-283；Freer 2018：39）。

　以上のようなフォーマルな政治制度を通じて，UAEの支配体制は国家
を統治してきた。ただし，UAEの支配体制は他の湾岸君主国と同様に，
「フォーマルな政治」の定義には馴染まないさまざまな手法やチャンネル
を通じても支配を行っており，包括的な統治体系を確立している。

（2）　フォーマルな政治を補完するインフォーマルな政治

　インフォーマルな政治は，フォーマルな政治制度の不十分な点を補完し
たり，または代替したりする（Helmke and Levitsky 2012：90-91）。今
日の湾岸君主国においても，君主と国民は伝統的な政治関係——今日では
インフォーマルな政治と見なされる——を維持しており，必ずしも隔絶し
た関係ではない。中東の権威主義体制は，フォーマルな政治の枠外でも対
抗勢力をコオプテーションしたり，パトロン・クライアント関係を通じて
懐柔してきたりした（Ruiz de Elvira, Schwarz, and Weipert-Fenner eds.
2019）。つまり，支配体制はフォーマルな政治を通じて支配しきれない社
会を，インフォーマルな政治を通じて掌握しようとするのである。

　湾岸君主国におけるインフォーマルな政治制度としては，部族（tribe/
qabīla）が重要である。部族とは中東社会において，系譜意識・血統意識
を共有する人間集団であり，今日においても社会的紐帯（ネットワーク）
としての機能が生き残っており，集団としての凝集性を有している[6]（酒井
1993；Eickelman 2016）。政治との関係についていえば，支配者は近代国
家建設の過程で，権力基盤の確立と政治の安定化のために有力部族との協
力関係を築いており，たとえばそれは部族指導層の政治中央部への取り込
みや軍・治安部隊への採用，婚姻を通じて行われてきた（Khoury and

Kostiner eds. 1990：村上 2017b：71-72；Yizraeli 2016：97-99；Rugh 2007）。そして部族の側も体制への忠誠と引き換えに，支配体制が保持する資源へアクセスを試みて，利益誘導を行ってきたのである。このような支配体制と部族のパトロン・クライアント関係は，国家の近代化と官僚制の整備，そして政府によるレント配分機能の制度化を通じて，次第にインフォーマルな存在になっていった[7]。

　ただし，部族はインフォーマルな政治制度とはいえ，実態としては国ごとに濃淡がありながらも，フォーマルな政治を補完している。UAEにおいて，部族は社会の基本的な構成要素である（Heard-Bey 2001：101）。今日でも，地元の有力部族が首長や首長家関係者を自宅へ招待したり，首長家関係者が冠婚葬祭に出席したりするなど，日常的な交流は続いている。このような支配体制と部族の日常的なコミュニケーションは，ローカルな社会問題の解決や土地の配分，ビジネス上の利益誘導，就職の斡旋などには重要な役割を担っているものの，政治的な重要性は薄れているとの議論は根強い（Heard-Bey 2008；Rugh 2016：65-70）。また国家建設の過程では，閣僚や政府幹部人事，議員任命において部族的な出自や部族間バランスが考慮されていたものの，今日ではより経験・能力重視の登用が行われている（濱田 2005：168；Ono 2011）。UAEとは対照的に，オマーンではフォーマルな政治として部族対策が行われており，部族の忠誠を得るために巨額の特別予算が組まれている（大川 2018：143）。サウディアラビアでは1970年代に，部族が国内開発を進める上で妨げになっていたが，支配者は国内の重要な課題を推進する上で部族メカニズムを利用せざるを得なかったと指摘されている（Yizraeli 2016：102）。

　また支配体制と部族，ないしは国民を繋ぐチャンネルとして，私的空間における協議文化がある。マジュリス（*majlis*）や，クウェートではディーワーニーヤ（*dīwānīyat*）と呼ばれており，王宮や部族の長老宅，個人宅の応接間が定期的に開放され，そこを人々が自由に訪れて意見交換を行うものである。サウディアラビアでは統治基本法第43条において，国

王と皇太子が開催するマジュリスがすべての人々に開放されており，人々の陳情する権利が認められているなど，フォーマルな政治制度として位置づけられている（辻上 2012：53-54）。また州知事レベルでも定期的なマジュリスが開催されており，市民が自由に参加してローカルな問題やビジネスの話題などが議論されるなど，統治メカニズムとして機能している（Yizraeli 2016：104）。バハレーンでは，国王や皇太子などの王族や閣僚，部族長は定期的にマジュリスを開催しており，体制側も国民とのコミュニケーション・チャンネルとしてマジュリスを積極的に活用している（村上 2017a：58-62）。バハレーンにおけるマジュリスはフォーマルな政治制度としての裏付けはないものの，実態としては伝統的・慣習的な政治として存在している。

　しかしながら，このようなマジュリスは支配者とのコミュニケーションや意見表明の場としては，もはや機能していないという指摘も根強い（Nonneman 2008：7-8；Al-Qassemi 2012；Heard-Bey 2008）。UAEでは首長が主催するマジュリスはフォーマルな政治制度として規定されておらず，政治的慣習として実施されている。ただし，首長主催のマジュリスに住民が出席して意見を伝えたり，民意を吸い上げたりする場としての意味合いは薄れていると早くから指摘されてきた（大野 1994：149）。今日では，たとえばUAEの事実上の最高権力者であるムハンマド・ビン・ザーイド・アール・ナヒヤーン・アブダビ皇太子は，ラマダーン期間中にマジュリスを開催している。しかし，それは国内外の著名人や有識者を招いた「講演会」であり，住民の誰もが自由に出入りをして協議を行うというマジュリス本来の性格からは程遠い。[8]

　このように，インフォーマルな政治制度としての部族やマジュリスは，現代の湾岸君主国において一定の政治的意味を持っている。しかしながら，UAEでは支配体制は部族を通じて国民との関係を維持しているものの，それが有する政治的影響力は弱くなっている。

（3） インフォーマルな政治を観察する

　ここまでUAEを中心に湾岸君主国におけるフォーマル／インフォーマルな政治を整理した。両者は多分に重なり合うところがあり，明確に分化できない場合もある。とくにインフォーマルな政治である部族の役割や政治的影響力については，その重要性が指摘されるのにもかかわらず，定量的に評価することは難しい。ここでは，部族による政治的行為や意見表明に注目することにより，政治現象として観察を試みる。

　第一に，議会と選挙というフォーマルな政治制度の利用である。湾岸君主国の議会選挙において，有権者の投票行動を左右するのは，立候補者の公約ではなく，部族的紐帯である。議会の政治的権限は一般的に制限されているのにもかかわらず，立候補者は部族を通じた集票を行い，部族も自らの代表を出そうとする（大川 2011：367；吉川 2011：310；Yizraeli 2016：103）。議会活動と選挙が盛んなクウェートでは，選挙実施前に法律では禁止されている部族による予備選挙が半ば公然と行われている。また，支配体制側も選挙を通じて部族勢力の取り込みを行い，議会内に王党派を形成している（石黒 2013：126；2017：42）。UAEでは，2011年に行われた議会選挙において，アブダビ首長国とアジュマーン首長国で特定部族による議席独占があった（堀抜 2012c：16-17）。ただし，そもそも議会の権限が制限されているなかで，部族が代表を送り込むことの利益や効果については疑問が残る。

　第二に，支配体制への支持・忠誠の表明である。部族長は君主就任時にバイア（忠誠の誓い）を行ったり，さまざまな機会に支配体制へ支持を表明する。本稿で注目するのは，新聞広告である。新聞広告は日常的な情報発信手段であり，商業的に幅広く用いられている。また冠婚葬祭に合わせて個人や企業が広告を出稿し，祝意や弔意を示すことがある（図１）。この他，議会選挙に合わせて立候補者が選挙広告を出したり，建国記念日などの行事に合わせて個人や部族が祝意を表明することにも使われている。たとえば2013年6月25日，カタルでタミーム・ビン・ハマド・アール・

図1　ザーイド・ビン・スルターン　　　　図2　カタル新首長就任を祝う広告
　　　（UAE大統領の孫）の大学卒
　　　業を祝う広告

出典：*al-Ittiḥād*, 28 April 2011.

出典：*al-Rāyah*, 26 June 2013.

サーニーが新首長に就任した。翌日付の現地紙は企業や部族，個人からの
祝賀広告で溢れ，ラーヤ紙は213ページ，シャルク紙は216ページという大
部になった。部族単位で出された祝賀広告は，バイアの役割を果たしてい
る（図2）。なお，湾岸君主国において新聞メディアは情報当局からの検
閲を受けており，また自己検閲により記事の内容や範囲，論旨が調整され
ている。その意味で，新聞メディアはフォーマルな政治制度の一端である。
　このように，湾岸君主国において人々は自らが所属する部族を通じて，
フォーマルな政治制度を利用することにより支配体制への支持や忠誠を示
すことができる。その一方で，批判的な意見を公式に伝えるチャンネルは
制限されている。批判的な意見は，マジュリスなどの場において支配体制
の側に汲み取ってもらうか，取り締まりを覚悟でインフォーマルまたは非
合法な手段を用いて表明するしかないのである。

3　UAEにおける「アラブの春」の経験

本節では，「アラブの春」に際してUAEで発生した政治改革要求と，その後のイスラーム主義者への弾圧について確認する。

（1）　建白書問題

湾岸君主国を含む中東全域に「アラブの春」が到来するなか，UAEでも国民から政治改革を求める声があがった[10]。2011年3月3日付で，UAEのハリーファ大統領および連邦最高評議会メンバーに対して包括的な政治改革を求める建白書が提出されたのである。建白書には133人が署名しており，著名な政治学者やFNC元議員，弁護士などが名を連ねていた。また建白書に署名した人々の一部は，後述するイスラーハのメンバーであった。以下では，建白書に署名した人々を改革派と呼ぶ。

建白書の要求は2点に集約されている。第一に普通選挙の実施であり，第二にFNCに完全な立法権を求めるものであった。UAEでは2006年に初めてFNC選挙が実施されたものの，その時選挙権・被選挙権を得た選挙人団はわずかに6,674人であった。今日に至るまで完全な普通選挙は行われておらず，またFNCには立法権も与えられていない（堀抜 2011：346）。普通選挙の実施と立法権の付与という要求自体は，これまでにも国内の政治家や国民が求めており，決して珍しいものではない。ただし，君主たちにこのような建白書が直接提出されたことと，建白書全文がインターネットに公開されたことは初めてのことである。すなわち，改革派はフォーマルな政治制度の枠外で問題提起に踏み切ったのである。

建白書提出から1か月後，5人（うち1人は無国籍者［ビドゥーン］）が逮捕された。通称「UAE5」と呼ばれる5人はインターネットを中心に政治活動を行っており，建白書の起草作業に影響を与え，1人は実際に建白書に署名した人物であった。逮捕容疑は「犯罪の扇動，法律違反，国

家治安を危機にさらす活動の準備，公的秩序の弱体化，政府システムへの反対，大統領・副大統領・アブダビ皇太子の侮辱」であった。さらに6月1日には刑法176条に基づき「法律違反の誘発」「デモの呼びかけ」「FNC選挙のボイコットの呼びかけ」の容疑で追起訴された[11]。なお，同時期には国内で公式に活動が認められていた弁護士協会や教職員協会の理事会も，政治介入を理由に政府によって解散させられた（堀抜 2012b：14）。

　こうして，6月14日から連邦最高裁判所国家治安法廷において公判が開始され，11月27日にアフマド・マンスール被告に禁固3年，残りの4被告に対して禁固2年の判決が言い渡された。しかし，判決の翌日にハリーファ大統領が翌月に控えた建国記念日を祝い，5人に恩赦を与えて釈放した（堀抜 2012b：14）。

（2）　イスラーム主義者の弾圧

　当局によって建白書事件の幕引きが図られた直後，新たな出来事が起きた。イスラーハ（*Jam'īyat al-Islāḥ wa-l-Tawjih al-Ijtimā'ī*）の関係者が，2011年から2013年にかけて相次いで逮捕された問題である。イスラーハとは，UAE国内で1974年に設立されたムスリム同胞団系の宗教・社会団体である。もともとは政府公認の団体であり，体制との関係も悪いものではなかった。しかしながら，イスラーハ関係者が教育や司法分野を中心に影響力を強め，また政治改革を主張するようにもなったため，次第に支配体制側から警戒されるようになった。1990年代には，支配体制は政府機関や教育機関からイスラーハや外国人を含むムスリム同胞団員を排除し始めた（Freer 2018：97-103）。さらに，UAEから米国同時多発テロ事件の実行犯が出たこともあり，体制側は過激なイスラーム主義思想を危険視し，イスラーハを体制への潜在的な脅威と見なすようになる。支配体制はイスラーハに対して，エジプトのムスリム同胞団との関係断絶を迫ったが，イスラーハはこれを拒否した。その後も，支配体制によるイスラーハへの締め付けは断続的に行われてきた（Freer 2018：129-132）。

　そして，2011年12月から2013年にかけて，UAEの治安当局はイスラー
ハのメンバーおよびその家族・関係者を相次いで摘発した。建国記念日を
終えた2011年12月４日，７人のイスラーハ関係者のUAE国籍が「国家の
治安・安全に脅威を与えた」との理由で剝奪された。さらに，2012年４月
から翌2013年３月にかけて94人もの関係者（通称「UAE94」）が逮捕され，
裁判にかけられたのであった。UAE国内で，一つの団体の関係者がこれ
ほどまで大量に摘発された事件は，過去に例を見ない。逮捕者のなかには，
ラアス・アル＝ハイマ首長家メンバーや，「UAE５」の弁護士を務めたム
ハンマド・ルクン，元検察官なども含まれていた（堀拔 2013：９）。

　裁判は2013年３月４日から，連邦最高裁判所国家治安法廷で始まった。
検察側は容疑者がイスラーハの設置を通じ，政府転覆や治安の不安定化を
企図し，秘密集会の開催やSNSを利用して活動していたとして，刑法にも
とづいて起訴したことを明らかにした。公判のなかでは，イスラーハの活
動実態やメンバーの勧誘方法，資金集め，外国のムスリム同胞団系組織と
の関係が指摘されたが，被告らは政府転覆など検察の主張を否定した。同
年７月２日に判決が出され，国外逃亡をしている容疑者８人に禁固15年，
56人に禁固10年，５人に対して禁固３年から７年，そして25人には無罪判
決が言い渡された（*The National*, 3 July 2013）。

　UAEはその後も，国内治安や外交政策のなかで極めて強い反イスラー
ム主義の立場をとった。国内では，2014年11月に連邦法2014年第７号「対
テロ犯罪法」にもとづき，ムスリム同胞団やイスラーハを含む83のムスリ
ム団体をテロ組織指定した（*WAM*, 16 November 2014）。また国外では，
ムスリム同胞団を支援するカタルやトルコと関係を悪化させた。

（3）　政治改革を求めたのは誰か？

　2011年から2013年にかけてUAEで発生した一連の出来事は，同国史上
類を見ない規模での国民に対する締め付けであった。それでは，どのよう
な人たちが政治改革を求めたのであろうか。まず，建白書に署名をした

133人の属性を見ていくと，署名者は学者や教育関係，活動家，専門家，法曹，作家など，社会の中間層・リベラル層が中心であることが分かる。博士号保持者が43人であり，かなりの高学歴でもある。さらに，署名者の部族名をみると，北部首長国に多い名前であることも指摘されている（堀抜 2012b：8-9)。

　一方で，イスラーハ問題で逮捕された94人について分析してみよう[12]。建白書署名者ほど社会的な属性は明らかではないが，新聞報道によると首長家メンバーを筆頭に，政府関係者や弁護士なども含まれていることが明らかになっている。また，逮捕者の3分の2は北部首長国出身であるが，とくに宗教的に保守的なシャルジャ首長国とラアス・アル＝ハイマ首長国出身者が目立つ。そして，平均年齢は46.9歳（年齢が判明した74人分）であり，比較的年齢層が高く，「アラブの春」の主役であった若年層ではない。建白書署名者とイスラーハの逮捕者を照合すると，イスラーハ逮捕者のうち25名（約27%）は建白書に署名していたことも確認された。すなわち，建白書を議論していた改革派グループはリベラル派とイスラーム主義者が中心となっていることは明らかである（堀抜 2012b：8；Freer 2018：134-135)。

　まとめると，UAEで政治改革などを求める人々とは，比較的年齢が高く，高学歴であり，専門職などに就いている層である。イデオロギー的には，リベラルまたはイスラーム主義者であると推測される。また政治団体の結成が許されないUAEにおいて，ある時期までは公認団体として認められていたイスラーハが政治的意見の受け皿になっていたともいえる。これらの人々は，経済的にも充足した社会階層に所属しており，決して個人の経済的な動機によって支配体制へ政治改革を要求したのではない。建白書に書かれた額面通り，政治への参加と議会改革，ひいては社会の向上を目指そうとしたといえる。その意味で，UAEの事例はレント配分というフォーマルな政治を通じた国民統治の限界を示唆しているといえる。また，政治改革を求めた人々は，君主体制そのものの打倒を目指してはおらず，

むしろこれを支持していた（堀抜 2012b：9）。しかしながら，改革派らが国民の政治参加を求めたことに対して，支配体制側がこれを「体制への脅威」とフレーミングし，弾圧したのである。

4　部族ネットワークを通じた支配体制と国民の交渉

UAEの「アラブの春」に際して観察された興味深い現象の一つに，支配体制が部族ネットワークを動員して，国内社会の引き締めを行ったことが挙げられる。既述の通り，今日のUAE政治において部族が持つ政治的重要性は低下している。しかしながら，「アラブの春」後には部族がさまざまな形で政治に関わる様子が確認される。

（1）　部族集会と忠誠広告

「UAE 5」が摘発された直後の2011年4月末頃から6月下旬にかけて，UAE現地紙には部族集会の開催告知と体制への忠誠を表明する新聞広告が多数掲載された（図3）。前述のように，UAEにはインフォーマルな政治制度としてマジュリスがあるものの，これは部族や家族単位で定期的・不定期的に開催されるもので，新聞広告で開催を知らせるものではない。さらに，部族集会を呼びかけるこのような広告は，管見の限り前例を確認することができない。「UAE 5」もヒューマン・ライツ・ウォッチを通じて発出した声明のなかで，部族集会が「前例のないこと」であると指摘した（Human Rights Watch 2011）。

筆者の集計によると2011年4月27日から5月15日にかけて，75件の部族広告が地元イッティハード紙に掲載されている[13]。広告では部族集会の開催日時，開催場所，連絡先などが記載されている。開催時間は，5時間近い予定時間が記されているものや2～3日にわたって開催されるものもあった。開催場所は，ホテルや公共の集会施設，私設テント，私邸などであり，複数の都市で平行して開催を予定するものもあった。集会には部族に所属

図3　部族集会を呼びかける広告（左）と忠誠広告（右）

出典：*al-Ittiḥād*, 25 April 2011；18 May 2011.

する男女が参加でき，身分証明書の提示を求める集会もある。すなわち，集会には部族所属メンバー以外の参加は認められておらず，センシティブな内容の議論が行われたと考えられる。このほか，複数の部族や支族による合同集会の開催呼びかけも確認されている。

　また部族集会が行われた5月以降には，相次いでハリーファ大統領と体制に忠誠を誓う広告が出稿された。イッティハード紙には，5月7日から6月26日にかけて，40件の忠誠広告が出稿されている。忠誠広告に概ね共通する様式としては，中心部にハリーファ大統領の顔写真が掲載され，当該部族が指導者と国家に忠誠を表明するものである。指導者の英知と指導性を称賛し，国家の一体性の重要性を強調している。一部の広告のなかには，政治改革建白書を提出した者たちに対する批判や，それらは部族の意見を代表していないとする見解，また指導者が世界最高水準の社会サービスを提供してくれていることに謝意を示す内容なども盛り込まれていた。

忠誠広告は，UAEの国旗や国旗色，国土地図をデザインに取り込むもの
もあった。40件の忠誠広告のうち，11件は全紙サイズで出稿されており，
半紙サイズの出稿も16件であった。大きなサイスの新聞広告を出すことは，
部族にとって体制への重要なアピールになっていると考えられる。

（2）　部族ネットワークの政治的再利用

　それでは，建白書騒動の際に開かれた部族集会は，どのような経緯で行
われたのであろうか。ある主催者は新聞取材に対して，部族集会の開催は
自発的なものであり，政府によって呼びかけられたものではないと否定し
ている（*Gulf News*, 10 May 2011）。しかしながら，筆者が改革派関係者
にインタビューしたところ，大統領府が部族集会の開催を要請したことを
指摘している。また「UAE 5」の裁判期間中には，連邦最高裁判所の周
辺で被告らの政治活動を批判するデモが開催されていたが，これも司法省
が部族を動員したものであると述べている[14]。国際人権団体の報告書でも，
「UAE 5」およびその家族に対して行われた誹謗中傷キャンペーンや脅迫
は組織的なものであること，また部族が集会に「招かれ」て「UAE 5」
の起訴を求める文書に署名したと指摘しており，支配体制による何らかの
動員が行われたものであると考えられている（Human Rights Watch
2011）。

　このように，UAEの支配体制は「アラブの春」に際して発生した政治
改革要求について，改革派やイスラーム主義者を弾圧した一方で，国民全
体にはインフォーマルな政治制度である部族とそのネットワークを「再利
用」し，圧力をかけたと考えられる。また，部族の側も前代未聞の動員を
受けて，弾圧を避けるために支配体制への忠誠を示さざるを得なかったと
言える。UAEの部族はその後，さまざまな機会に新聞広告を出すように
なった。特に顕著なのは，12月 2 日の建国記念日に合わせて出稿される祝
賀広告である。建国記念日の祝賀広告は，「アラブの春」以降に出稿数が
急増し，定着したと言える。また広告以外でも，建国記念日に合わせて部

図4　UAEの政治改革をめぐる支配体制と国民の交渉

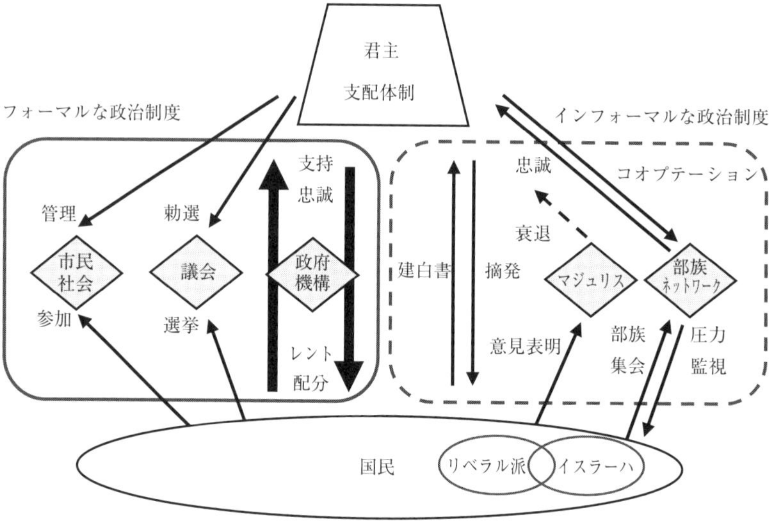

出典：筆者作成。

族が郊外にテントを張り，体制側要人を招待する機会も増えている。このように，建国記念日は部族が体制への忠誠を表明し，体制は部族からの忠誠を確認する機会になっていった（堀拔 2017：96-97）。さらに，2015年からは国内の部族メンバーが集まる「統一の行進」（*Masīr al-Ittiḥād*）が行われている。[15)] これは大統領府主催の公式の建国記念日行事であり，全国から集まった主要部族が部族名の書かれたプラカードを掲げ，首長や皇太子など，首長家や政府要人の前を行進するものである（堀拔 2017：93-94）。「統一の行進」に参加した部族代表者らは，この行事は国家への帰属と体制への忠誠を示し，UAE人が一体となるための機会であると指摘している（*al-Ittiḥād*, 12 December 2019）。

　これまで見てきたように，UAEでは歴史的にフォーマルな政治制度であった部族は，国家の近代化の過程でインフォーマルな政治へと変容し，さらには政治的影響力を持たなくなった。しかしながら，支配体制は「ア

ラブの春」において部族の社会的紐帯機能を政治的に「再利用」し，国民の動員や社会の引き締め，体制への支持調達に用いたのである（図4）。

（3）　なぜ支配体制は部族ネットワークを再利用したのか？

「アラブの春」以降，支配体制側は改革派とイスラーム主義者に対しては，部族ネットワークを通じた監視と圧力，治安機関による抑圧を通じて対抗した。本稿の問いに立ち戻ると，なぜ支配体制は部族というインフォーマルな政治制度を使って国内社会の引き締めを行ったのであろうか。

　第一に，フォーマルな政治であり，かつ湾岸君主体制の安定性を支えてきたレント配分が，改革派やイスラーム主義者のコオプテーションに効果的でなかったからである。モーリッツがカタル，バハレーン，オマーンを対象に反体制派や政治改革勢力に対するレント配分の効果について検討したところ，イスラーム主義を含む政治的イデオロギーを支持する人々と，恐怖や抑圧によって抑え込まれる人々に対しては，レント配分を通じたコオプテーションは失敗し得ると指摘している（Moritz 2018：56-61）。既述のように，UAEで政治改革を求めた人たちはリベラル層やイスラーム主義者で，経済的には充足した中間層以上に属しており，その要求は物質的なものではない。改革派は，解雇やハラスメントなどのリスクを抱えながらも，政治的主張を行うことを選択した。ただし，一連の主張はレント配分の恩恵に満足する広範な国民からの支持を得ることができなかったために失敗したと考えられる。

　同様に，UAEの支配体制はイスラーム主義者についてもレント配分の効果がないと見なしたと言える。前述のように，UAEでは1990年代からイスラーム主義者を公職から追放してきた。またムハンマド・アブダビ皇太子は2003年に，イスラーハに対してUAE国内での組織的な活動停止とムスリム同胞団本部との関係断絶を迫ったが，イスラーハはこれを拒否した。これに対して政府は，教育省に勤務する170人のイスラーハ関係者に，身分保障かイスラーム主義支持のどちらかを選択するように迫ったが，多

くはイスラーハを離れることを拒否し，解雇された（Freer 2018：129-130）。そして，2010年にイスラーハを庇護していたラアス・アル＝ハイマ首長が死去したことにより，「アラブの春」以降にイスラーハは弾圧されたのである（Ulrichsen 2017：189）。

　第二に，社会の監視機能の強化である。UAEの支配体制は米国同時多発テロ事件以降，国内でテロ・過激思想の取り締まりを強化してきた。上述のムスリム同胞団系組織のイスラーハは，国内の政府・教育機関や市民団体，学生自治会にまでネットワークを広げており，当局はこれを警戒していた。実際，ムハンマド・アブダビ皇太子はムスリム同胞団を「もし明日ドバイで選挙が実施されればムスリム同胞団が勝利する」とし，「最も組織化されている」団体であると見なしていることが，米国の外交公電から明らかになっている（WikiLeaks 2006）。このような支配者の脅威認識は，「アラブの春」におけるエジプトのムスリム同胞団の伸張を目の当たりにするなかで，確信へと変化したと言える。そこで，UAEの支配体制はイスラーハのネットワークに対抗するために，部族内で相互監視を行い，「逸脱者」を発生させないよう部族ネットワークへの動員を図ったものであると考えられる。部族を通じた監視はサウディアラビアでも行われており，同国政府は過激派メンバーへの接触と思想矯正に部族ネットワークを利用している（Teitelbaum 2016：xviii）。

　以上の理由から，支配体制は改革派やイスラーム主義者を取り込んだり締め付けたりするために，社会的紐帯として大半の国民をカバーする部族ネットワークを政治的に再利用したものであると考えられる。そして「アラブの春」後，UAEのさらなる警察国家化が進んだ。翻って，このことは「アラブの春」以前の統治体制，すなわちフォーマルな政治制度では，改革派やイスラーム主義者の「脅威」を効果的に排除することができず，部族ネットワークに頼らざるを得なかった可能性を示している。

5　湾岸君主国においてインフォーマルな政治が持つ意味

　最後に，これまでの議論をまとめてみたい。湾岸君主国は，「アラブの春」という政変を乗り切ることに成功し，君主体制を堅持することができた。支配体制は日常的にフォーマルな政治とインフォーマルな政治を通じて国民の取り込みを図っている。多くの国民はフォーマルな政治を通じて配分されるレントの恩恵を受けることにより，支配体制に対して忠誠を誓ってきたのである。

　本稿が事例として検討したUAEは，莫大な石油収入によって支えられる世界でも有数の経済国である。「アラブの春」に際しては，UAEにおいても政治改革要求が表明された。支配体制は改革派に対して，逮捕や弾圧など直接的な対応と，部族ネットワークを通じた国内社会の締め付けによって対応した。なぜなら，レント配分や議会などのフォーマルな政治だけでは，改革派を取り込んだり抑え込んだりすることができなかったからである。これ以降，UAEでは国家の発展の過程で政治的な影響力を低下させてきた部族が，政治の場に再び取り込まれており，部族が関わる政治現象が観察されるようになった。

　以上の議論から，二つのインプリケーションを提示する。第一に，UAEにおける政治改革派はリベラル層とイスラーム主義者から構成されており，先行研究が示唆するように，レント配分によるコオプテーションが機能しなかったことである。したがって，湾岸君主国の国民を一括して「レント配分に満足する人々」のように静態的に見なすことは，当然ながらできないと言える。

　第二に，不完全な政治制度では，反対勢力を十分に取り込むことができず，暴力やインフォーマルな政治によって対応せざるを得ないことである。たとえば同じ湾岸君主国のクウェートとUAEを比べると，前者は比較的自由な選挙と議会活動が可能であるため，議会は反対勢力のコオプテー

ションの場として機能している。しかしながら，議会制度に制限のある
UAEではそれができず，かつ反対勢力の懐柔にレント配分も効かなかっ
たため，改革派からの政治的要求に直接対峙することになった。別言すれ
ば，インフォーマルな政治はフォーマルな政治の不完全さを補完しており，
支配体制の安定に貢献しているとも言える。

　最後に，本研究の限界と課題について示しておく。本稿では部族による
忠誠広告や祝賀広告の出稿を観察可能な政治現象として論じたものの，部
族側が実際にどのように体制の圧力を受け止めているのか，またすべての
部族が体制の要請に応えているのかどうかについて，明らかにできていな
い。また改革派や摘発されたイスラーム主義者の年齢層が比較的高かった
ことを考えると，UAEでは政治意識や君主体制の受容に世代間の違いが
あるのか疑問が残る。これらの点を明らかにすることにより，現代UAE
における支配体制と国民の関係をより立体的に理解することができるであ
ろう。

付記

　本稿は日本比較政治学会2015年度研究大会自由企画3「君主制国家の正当性原理と
その受容」で報告したペーパーを大幅に改稿したものである。討論者の玉田芳史氏お
よびフロアからは有益なコメントを頂いた。また2名の査読者からも貴重な指摘と建
設的なコメントを頂いた。ここに記して謝意を示すものである。

注

1)　2011年当時の湾岸君主国の1人当たりGDP（世界銀行2017年実質，PPP）は，カ
　　タルが99,147ドル，クウェートが60,887ドル，UAEが56,123ドル，サウディアラ
　　ビアが46,989ドル，バハレーンが44,158ドル，オマーンが32,529ドルであった。た
　　だし，バハレーンとオマーンは周辺国と比べて資源埋蔵量が少なく，前者では宗派
　　間の経済格差が問題となっており，また後者では人口の60%近くを占める若年層の
　　雇用・失業が問題になっていた。

2）　湾岸君主国では憲法において自国を君主国であるとし，特定の人物を系譜的な起点とした世襲の君主が支配することを明確に規定している。たとえばクウェートでは憲法第4条に「ムバーラク・アル＝リバーフの子孫によって継承される世襲制の首長国である」と定められている。しかしながら，UAE憲法にはこのような条文は存在せず，連邦に参加する首長国と支配者があることを規定するに留まっている。

3）　UAEでは，ムハンマド・ビン・ラーシド・アール・マクトゥームが連邦首相に就任した2006年頃からこの傾向が顕著になっている。ムハンマド首相はドバイ皇太子時代からドバイの行政・経済改革に取り組んできており，能力ベースの昇格・任命を行ってきたことで知られている（Davidson 2008：157）。

4）　たとえばモーリッツは湾岸君主国の改革派や活動家に対して135件の半構造化面接を行い，レンティア国家における政治的活動の非物質的な要因について検討している。このなかで，政府に対して声を上げる市民は思想信条や自由，尊厳の獲得，国家と社会の権力格差の是正など，非常に大きな動機によって動かされていることを明らかにした。また，家族が投獄されている市民にとっては，政治活動を停止するコストの方が政治的抑圧コストより高いと説明されている（Moritz 2018）。

5）　カタルでは，1999年に地方議会レベルの選挙が実施されたが，中央議会レベルの選挙は，2021年10月にはじめて実施される予定である。またサウディアラビアにおいては，地方議会レベルでは2005年に選挙が実施されているものの，中央議会レベルでは未だに選挙が導入されていない。

6）　部族を構成するメンバーは父系に連なる系譜・血縁意識を共有しており，アサビーヤと呼ばれる連帯意識によって結ばれている。部族はその規模によって，カビーラ（部族），アシーラ（支族），ファヒズ（一族），アーイラ（家族）などの呼び方が変わる。部族は必ずしも固定的なものではなく，歴史的には同盟・連合関係によって組み変わってきている。アラビア半島では，人々は現在のイエメンやアラビア半島中西部から湾岸諸国に移住し，定住してきており，部族は国境を超えても繋がっている。近代国家としての国境が確定された後も，隣国の支配者が部族の忠誠と納税を根拠に当該部族の居住地の支配権を主張することもあった。

7）　今日の整備された政府機構のなかでは，それまで支配的であった部族ネットワークに代わって，さまざまな個人やビジネスマン，王族，官僚などが「ブローカー」化しており，国民はブローカーを通じて国家が管理する資源にアクセスするようになった（Hertog 2010）。

8）　これまでの講演者には，ビル・ゲイツ（マイクロソフト創業者），ムハンマド・ユヌス（ノーベル平和賞受賞者），トニー・ブレア（元英国首相），カルロス・ゴー

ン（元日産自動車会長）などがいる。

9）　バイアは一般的な形式として，国民らが新しい指導者のもとを直接訪れ，右手で
　　握手をして，忠誠を表明するものである。ただし，現代では電報，電話，ファック
　　ス，コンピュータ，新聞広告などいかなるコミュニケーションを用いたバイアも許
　　容されると考えられている（Podeh 2011：40）。

10）　建白書提出に至るまでの議論は「アラブの春」の前の2009年頃から行われていた。
　　そのため，建白書表明と「アラブの春」の時期が重なったのは偶然であると，関係
　　者の1人は説明している（堀抜 2012b：8）。

11）　国際人権団体は，UAE 5 の起訴や裁判の中心は建白書運動そのものではなく，
　　2010年にUAE国内からアクセスが禁止されたウェブサイト「UAE Hewar」の運営
　　にあったと指摘している。

12）　Emirates Centre for Human Rights "Current Political Prisoners"〈http://www.
　　echr.org.uk/?page_id=207〉をもとに分析。（2015年6月5日最終確認）

13）　イッティハード紙は主要アラビア語紙の一つで，アブダビで発行されている全国
　　紙である。他の主要紙では，同時期のバヤーン紙（ドバイ発行）には，同様の部族
　　広告は出稿されていない。なお，ハリージュ紙（シャルジャ発行）については確認
　　できていない。

14）　筆者聞き取り調査（2012年1月11日，於ドバイ）。

15）　「統一の行進」は2015年から2019年にかけて，毎年建国記念日に合わせて開催さ
　　れた。2020年の開催は確認されていないが，コロナ禍の影響を受けて中止されたも
　　のであると考えられる。

引用文献

石黒大岳（2013）『中東湾岸諸国の民主化と政党システム』明石書店。
―――（2017）「クウェートの議会政治と王党派の形成」同（編）『アラブ君主制国
　　家の存立基盤』アジア経済研究所，27-51頁。
―――編（2017）『アラブ君主制国家の存立基盤』アジア経済研究所。
大川真由子（2011）「オマーン」『中東・イスラーム諸国民主化ハンドブック』明石書
　　店，354-375頁。
―――（2018）「オマーンの部族――現代における部族の意味とは」松尾昌樹編『オ
　　マーンを知るための55章』明石書店，142-146頁。
大野元裕（1994）「湾岸における社会的変遷と民主化の動き――UAEにおける民主化
　　の経験」『国際大学中東研究所紀要』8号，139-156頁。

吉川卓郎（2011）「カタル」松本弘編『中東・イスラーム諸国民主化ハンドブック』明石書店，296-313頁。

酒井啓了（1993）「国家・部族・アイデンティティー」酒井啓子編『国家・部族・アイデンティティー――アラブ社会の国民形成』アジア経済研究所，3-28頁。

辻上奈美江（2012）「サウディアラビアの体制内権力――王族のパトロネージは社会的亀裂を埋められるか」酒井啓子編『中東政治学』有斐閣，49-62頁。

濱田秀明（2005）「アラブ首長国連邦――近代国家建設と部族社会」日本国際問題研究所編『湾岸アラブと民主主義――イラク戦争後の眺望』日本評論社，160-183頁。

浜中新吾（2009）「ムスリム同胞団とコオプテーションの政治」『日本中東学会年報』25巻1号，31-54頁。

―――（2014）「中東諸国の体制転換／非転換の論理」日本比較政治学会編『体制転換／非転換の比較政治』ミネルヴァ書房，49-77頁。

堀拔功二（2011）「アラブ首長国連邦」松本弘編『中東・イスラーム諸国民主化ハンドブック』明石書店，338-353頁。

―――（2012a）「湾岸の春？――GCC諸国における政治変動・体制・国民」『中東政治変動の研究――「アラブの春」の現状と課題』日本国際問題研究所，25-35頁。

―――（2012b）「UAEにおける政治改革運動と体制の危機認識――2011年の建白書事件を事例に」『アラブの春とアラビア半島の将来』アジア経済研究所，1-14頁。

―――（2012c）「UAEにおける国民と政治参加――2011年連邦国民評議会選挙の分析を中心に」『UAE』51号，14-17頁。

―――（2013）「GCC諸国における体制の脅威認識と治安動向の展開――アラブ首長国連邦とイスラーハ問題を事例に」『JIME中東動向分析』（2013年6月号），1-12頁。

―――（2017）「君主体制と建国記念日――UAEにおける政治的正統性と忠誠の検討」石黒大岳編『アラブ君主制国家の存立基盤』アジア経済研究所，83-108頁。

松尾昌樹（2010）『湾岸産油国――レンティア国家のゆくえ』講談社。

―――（2016）「グローバル化する中東と石油――レンティア国家再考」松尾昌樹・岡野内正・吉川卓郎編著『中東の新たな秩序（グローバル・サウスはいま3）』ミネルヴァ書房，59-79頁。

村上拓哉（2017a）「ふたつの『マジュリス』――バハレーンにおける国民の政治参加と統治体制の安定性」石黒大岳編『アラブ君主制国家の存立基盤』アジア経済研究所，53-66頁。

―――（2017b）「オマーンの統治体制の安定性における国王による行幸の役割」石

黒大岳編『アラブ君主制国家の存立基盤』アジア経済研究所，67-81頁。

横田貴之（2014）「ムバーラク政権によるムスリム同胞団のコオプテーションの再考」
『アジア経済』55巻1号，9-27頁。

ロス，マイケル（2017）『石油の呪い——国家の発展経路はいかに決定されるか』（松
尾昌樹・浜中新吾訳）吉田書店。

Abdulla, Abdulkhaleq (2010) "Contemporary Socio-Political Issues of the Arab Gulf
Moment," Research Paper published by Kuwait Programme on Development,
Governance and Globalisation in the Gulf States. 〈https://core.ac.uk/down
load/pdf/19578257.pdf〉（2021年3月20日最終閲覧）

Beblawi, H. and G. Luciani (eds.) (1987) *The Rentier State*. London: Croom
Helm.

Cooke, Mariam (2014) *Tribal Modern : Branding New Nations in the Arab Gulf*.
Berkeley, Los Angeles and London : University of California Press.

Davidson, Christopher M. (2005) *The United Arab Emirates : A Study in Survival*.
Boulder and London : Lynne Rienner.

———— (2008) *Dubai : The Vulnerability of Success*. New York : Columbia
University Press.

———— (2012) *After the Sheikhs : The Coming Collapse of the Gulf Monarchies*.
London : Hurst & Company.

Eickelman, Dale F. (2016) "Tribes and Tribal Identity in the Arab Gulf States," in
J. E. Peterson (ed.) *The Emergence of the Gulf States : Studies in Modern
History* : 223-240 (Kindle). London : Bloomsbury Publishing.

Federal Competitiveness and Statistics Authority (UAE). (2019) "Labour Force
Survey 2019 Table 10 : Percentage Distribution of Employed (15 years and
More) by Nationality, Gender and Sector, 2019" 〈https://fcsa.gov.ae/_layouts/
download.aspx?SourceUrl=%2Fen-us%2FLists%2FD_StatisticsSubjectV2%2FAtta
chments%2F1348%2F%D8%A7%D9%84%D9%82%D9%88%D9%89%20%D8%A7%
D9%84%D8%B9%D8%A7%D9%85%D9%84%D8%A9%20v10.xlsx〉（2021年3月20
日最終閲覧）

Freer, Courtney (2018) *Rentier Islamism : The Influence of the Muslim
Brotherhood in Gulf Monarchies*. New York : Oxford University Press.

Gause, F. Gregory (1994) *Oil Monarchies : Domestic and Security Challenge in the
Arab Gulf States*. New York : Council on Foreign Relations Book.

————(2013) *Kings for All Seasons : How the Middle East's Monarchies Survived the Arab Spring*. Doha : Brookings Doha Center.

Heard-Bey, Frauk (2001) "The Tribal Society of the UAE and Its Traditional Economy," in I. al-Abed and P. Hellyer (eds.) *United Arab Emirates : A New Perspective* : 98-116. London : Trident Press.

————(2008) *From Tribe to State : The Transformation of Political Structures in Five States of the GCC*. EDUCatt – Ente per il diritto allo studio universitario dell'Università Cattolica.

Helmke, G., and S. Levitsky (2012) "Informal Institutions and Comparative Politics : A Research Agenda," in T. Christiansen and C. Neuhold (eds.) *International Handbook on Informal Governance*. Cheltenham and Northampton : Edward Elgar.

Herb, Michael (1999) *All in the Family : Absolutism, Revolution, and Democracy in the Middle Eastern Monarchies*. New York : State University of New York Press.

————(2014) *The Wages of Oil : Parliaments and Economic Development in Kuwait and the UAE*. Ithaca and London : Cornell University Press.

Hertog, Steffen (2010) "The Sociology of the Gulf Rentier Systems : Societies of Intermediaries," *Comparative Studies in Society and History* 52 (2) : 282-318.

Human Rights Watch (2011) "Statement of 5 UAE Detainees," 11 November, 2011. 〈https://www.hrw.org/news/2011/11/11/statement-5-uae-detainees〉(2021年3月20日最終閲覧)

Josua, Maria (2011) "Co-Optation as a Strategy of Authoritarian Legitimation : Success and Failure in the Arab World," Paper prepared for 6th ECPR General Conference, Reykjavik, 25-27 August, 2011. 〈https://ecpr.eu/Files tore/paperproposal/9214dc5a-87f7-4466-ad42-3654f0d3f347.pdf〉(2021年3月20日最終閲覧)

Khoury, P., and J. Kostiner (eds.) (1990) *Tribes and State Formation in the Middle East*. Berkeley, Los Angeles and Oxford : University of California Press.

Kinninmont, Jane (2016) "Bahrain : Rentierism and Beyond," in K. Selvik and B. Utvik (eds.) *Oil States in the New Middle East : Uprisings and Stability :* 113-131. London and New York : Routledge.

Lust-Okar, Ellen (2005) *Structuring Conflict in the Arab World : Incumbents,*

Opponents, and Institutions. Cambridge University Press.

Moritz, Jessie (2018) "Reformers and the Rentier State : Re-Evaluating the Co-Optation Mechanism in Rentier State Theory," *Journal of Arabian Studies* 8 : 46-64.

Nonneman, Gerd (2008) "Political Reform in the Gulf Monarchies : From Liberalization to Democratization? A Comparative Perspective," in A. Ehteshami and S. Write (eds.) *Reform in the Middle East Oil Monarchies* : 3-45. Reading : Ithaca Press.

Ono, Motohiro (2011) "Reconsideration of the Meanings of the Tribal Ties in the United Arab Emirates : Abu Dhabi Emirate in Early '90s," *Kyoto Bulletin of Islamic Area Studies* 4(1-2) : 25-34.

Podeh, Elie (2011) *The Politics of National Celebrations in the Arab Middle East*. New York : Cambridge University Press.

The Project on Middle East Political Science (POMEPS) (2012) *The Arab Monarchy Debate*. 〈chrome-extension://oemmndcbldboiebfnladdacbdfmadadm/ http://pomeps.org/wp-content/uploads/2014/06/POMEPS_Studies3_Monarchies. pdf〉(2020年12月28日最終閲覧)

Al-Qassemi, Sultan (2012) "Tribalism in the Arabian Peninsula : It Is a Family Affair," *Jadaliyya*, February 1, 2012. 〈https://www.jadaliyya.com/Details/2519 9〉(2020年12月28日最終閲覧)

Rugh, Andrea B. (2007) *The Political Culture of Leadership in the United Arab Emirates*. New York : Palgrave MacMillan.

────── (2016) "Backgammon or Chess? : The State of Tribalism and Tribal Leadership in the United Arab Emirates," in Uzi Rabi (ed.) *Tribes and States in a Changing Middle East* : 57-77. New York : Oxford University Press.

Ruiz de Elvira, L., C. H. Schwarz and I. Weipert-Fenner (2019) "Introduction : Networks of Dependency, a Research Perspective," In L. Ruiz de Elvira, C. H. Schwarz and I. Weipert-Fenner (eds.) *Clientelism and Patronage in the Middle East and North Africa* : 1-15. London and New York : Routledge.

Seikaly, M., and K. Mattar (eds.)(2014) *The Silent Revolution : The Arab Spring and the Gulf States*. Berlin : Gerlach Press.

Selvik, K., and B. O. Utvik (eds.)(2016) *Oil States in the New Middle East : Uprisings and Stability*. London and New York : Routledge.

Teitelbaum, Joshua (2016) "Foreword : Bringing the Tribes Back In : Joseph Kostiner's Approach to the Study of the Modern Middle East ; Reflections of a Student, Colleague and Friend," In Uzi Rabi (ed.) *Tribes and States in a Changing Middle East* : xiii-xix. New York : Oxford University Press.

Ulrichsen, Kristian Coates (2017) *The United Arab Emirates : Power, Politics and Policy-Making*. London and New York : Routledge.

WikiLeaks (2006) "Townsend Discusses Regional Stability, Counterterrorism with Abu Dhabi Crown Prince," 29 April, 2006.〈https://wikileaks.org/plusd/cables/06ABUDHABI1724_a.html〉(2021年3月20日最終閲覧)

Yizraeli, Sarah (2016) "Al Sa'ud : An Ambivalent Approach to Tribalism," in Uzi Rabi (ed.) *Tribes and States in a Changing Middle East* : 95-110. New York : Oxford University Press.

（ほりぬき・こうじ：（一財）日本エネルギー経済研究所）

日本比較政治学会設立趣意書

　21世紀まで残すところ3年足らずとなった今日，国際関係は言うに及ばず，各国の内政もまた世界化の大きなうねりに巻き込まれている。日本もその例外ではなく，世界各国との経済・文化・社会のレベルでの交流が一段と深まるにつれて，その内政の動向に対する社会的な関心も高まっている。学術的にも世界のさまざまな地域や諸国の政治および外交の歴史や現状を専攻する研究者の数が順調に増加しており，そうした研究者の研究成果を社会的要請に応えて活用する必要が感じられるようになっている。

　とりわけ冷戦後の世界では，NIESや発展途上国の民主化，旧社会主義諸国の民主化および市場経済化，先進諸国の行財政改革などといった政治経済体制の根幹に関わる争点が，重大な課題として浮上してきている。これらの課題への取り組みには，単に実務的な観点から対処するだけでは十分でない。現在の諸問題の歴史的背景を解明し，それを踏まえて学術的な観点から課題の設定の仕方に立ち返って問題点を理論的に整理し，効果的な政策や制度を構想していくことも必要である。そのためには各国別の研究にとどまらず，その成果を踏まえて理論的に各国の政治や外交を比較・検討し，研究上の新たな飛躍を生み出すことが肝要である。

　このような目的のために，本学会は世界各国の政治や外交を専攻する内外の研究者を集め，相互の交流と協力を促進するとともに，研究上も独自な成果を公表し，国際的にも発信することを目指している。と同時に社会的にも開かれた学会として，各国政府関係者，ジャーナリスト，民間機関・NGO等各種実務家との交流も，振興することを目的にしている。本学会の学術活動に貢献していただける方々の，協力をさらに期待するところである。

　1998年6月27日

入会のお誘い

　日本比較政治学会は，前ページの設立趣意書にもあるように，「世界各国の政治や外交を専攻する内外の研究者を集め，相互の交流と協力を促進するとともに，研究上も独自な成果を公表し，国際的にも発信すること」を目的として1998年6月に設立された，日本で唯一の「比較政治学」を軸とした学会です。

　学会の主たる活動は，年次研究大会の実施と日本比較政治学会年報の発行です。年次研究大会では様々な地域，あるいは分野に関する先端的な研究報告が行われています。またこの年次大会における共通論題を軸として発行される学会年報では，従来取り上げられていない新しいテーマや，従来の議論を新しい視点から見直すようなテーマが取り上げられています。これ以外の学会の活動としては，オンラインジャーナル『比較政治研究』と『MINERVA 比較政治学叢書』の刊行，年2回のニューズレターの発行，ホームページやメーリングリストを通した研究活動についての情報提供や情報交換などを行っています。

　学会は，比較政治学に関心を持ち，広く政治学や地域研究を専攻する方，および政治学や地域研究の研究・教育に密接に関連する職業に従事する方の入会をお待ちしています（ただし大学院生の方につきましては，修士課程もしくは博士前期課程を修了した方に限ります）。入会の手続および年会費などに関しましては，学会ホームページ（http://www.jacpnet.org/）の中にある「入会案内」の項をご参照ください。

　ご不明の点は下記の事務委託先までお問い合わせください。

　　　　　　［学会の事務委託先］
　　　　　　〒602-8048　京都市上京区下立売通小川東入ル
　　　　　　中西印刷株式会社　学会部　日本比較政治学会事務支局
　　　　　　TEL：075-415-3661　FAX：075-415-3662
　　　　　　E-mail：jacp@nacos.com

日本比較政治学会

[Japan Association for Comparative Politics]

本学会は，「ひろく政治学や地域研究を専攻する」メンバーによって，「比較政治の研究を促進し，内外の研究者相互の交流を図ることを目的」として，1998年6月に設立された。

[学会事務局連絡先]

〒101-8375　東京都千代田区神田三崎町 2-3-1

日本大学法学部　岩崎正洋研究室　日本比較政治学会事務局　jacp@jacpnet.org

学会ホームページ http://www.jacpnet.org/

執筆者 (執筆順)

末近浩太（すえちか・こうた）立命館大学国際関係学部教授

岡本正明（おかもと・まさあき）京都大学東南アジア地域研究研究所教授

窪田悠一（くぼた・ゆういち）日本大学法学部准教授

酒井啓子（さかい・けいこ）千葉大学法政経学部教授

安　周永（あん・じゅよん）龍谷大学政策学部准教授

岡田　勇（おかだ・いさむ）名古屋大学大学院国際開発研究科准教授

松嵜英也（まつざき・ひでや）津田塾大学学芸学部講師

堀拔功二（ほりぬき・こうじ）一般財団法人 日本エネルギー経済研究所中東研究センター主任研究員

日本比較政治学会年報第23号

インフォーマルな政治制度とガバナンス

2021年10月30日　初版第1刷発行　　　　　　　　〈検印省略〉

定価はカバーに
表示しています

編　　者　　日本比較政治学会
発 行 者　　杉　田　啓　三
印 刷 者　　藤　森　英　夫

発行所　株式会社　ミネルヴァ書房
607-8494　京都市山科区日ノ岡堤谷町1
電話代表　(075)581-5191
振替口座　01020-0-8076

ISBN978-4-623-09244-4
Printed in Japan

日本比較政治学会編　日本比較政治学会年報

各巻Ａ５判・美装カバー・208〜286頁・本体3000円

⑪国際移動の比較政治学

⑫都市と政治的イノベーション

⑬ジェンダーと比較政治学

⑭現代民主主義の再検討

⑮事例比較からみる福祉政治

⑯体制転換／非転換の比較政治

⑰政党政治とデモクラシーの現在

⑱執政制度の比較政治学

⑲競争的権威主義の安定性と不安定性

⑳分断社会の比較政治学

㉑アイデンティティと政党政治

㉒民主主義の脆弱性と権威主義の強靭性

ミネルヴァ書房

https://www.minervashobo.co.jp/